Sirgay Sanger

Schau, ich will dir was sagen!

Sirgay Sanger

Schau, ich will dir was sagen

Die wortlose Sprache der Babys

Kösel

Übersetzung aus dem Amerikanischen: Ingeborg Andreas-Hoole, München. Die Originalausgabe erschien unter dem Titel »Baby Talk / Parent Talk. Understanding Your Baby's Body Language« bei Doubleday, New York.

Gesamtherstellung: Kösel, Kempten
Photos: Rolf Bruderer
Photo Seite 56: Christoph Guhr, Hamburg
Umschlag: Elisabeth Petersen, Glonn
Umschlagphoto: Elyse Lewin, The Image Bank, München
ISBN 3-466-30327-3

1 2 3 4 5 6 · 91 92 93 94 95 96

Inhalt

Eltern, macht Augen und Ohren auf!

Ihr Baby sagt Ihnen, wann es spielen und wann es in Ruhe gelassen werden möchte. Es macht Ihnen klar, wann es schlafen, essen und geknuddelt werden will. Es gibt Ihnen zu verstehen, wann es ängstlich, überrascht, gelangweilt, fasziniert und zufrieden ist. Vielleicht schnurrt es einfach vor Wohlbehagen.

Babys teilen uns ihre Enttäuschungen und Freuden mit – natürlich nicht mit Worten, aber mit ihrem ganzen kleinen Körper. Sie kommen mit einem überraschend großen Repertoire an Körpersprache auf die Welt, das sie schnell erweitern.

Aber als Eltern stehen Sie manchmal vor einem Rätsel, was genau Ihr Baby auszudrücken versucht. Haben Sie nicht auch schon verwirrt gemurmelt: »Was *will* es denn bloß?«

Dieses Buch hilft Ihnen, diese Frage zu beantworten. Allen Babys sind bestimmte Signale und Ausdrucksformen gemeinsam, deren Bedeutung Sie beim Betrachten der Fotos lernen werden. Manche Gesten sind eindeutig, andere aber so unauffällig, daß man sie leicht übersieht. Ein Gähnen zum Beispiel kann bedeuten, daß auf Ihr Baby zu viele Reize einstürmen und es versucht, seine Ruhe wiederzuerlangen, aber nicht, daß es schlafen möchte. Manche Signale werden mißverstanden. Vielleicht haben Sie den Eindruck,

Ihr vier Wochen altes Baby sei wütend auf Sie, dabei kann es seinen Zorn erst nach drei Monaten auf ein bestimmtes Ziel fixieren.

In meinem New Yorker Frühförderungszentrum habe ich Eltern wie Ihnen geholfen, die Signale ihrer Babys genauer, sicherer und konsequent zu erfassen. Das Zentrum ist die erste private Einrichtung in den USA, die ausschließlich dem psychischen und sozialen Wohlbefinden gesunder Babys und Familien gewidmet ist. Ich hatte das Glück, mit Hunderten von Eltern zu arbeiten, denen es ein starkes Bedürfnis ist, auf die Gefühle ihrer Babys einzugehen. Manche haben ein besonderes Problem – vielleicht ein Baby, das übersensibel ist, an Blähungen leidet oder als Frühgeburt zur Welt kam. Die meisten wollen ihre Babys einfach mit mehr Einfühlungsvermögen verstehen und lieben.

Durch Begegnungen mit diesen Babys und ihren Eltern und durch Video-Aufzeichnungen, die eine genauere Beobachtung erlauben, habe ich die Vielfalt der Ausdrucksmittel kennengelernt, mit denen Babys ihre Gedanken und Gefühle sichtbar machen. Meine Erkenntnisse stützen sich außerdem auf die Forschungsarbeiten anderer Entwicklungspsychologen, die sich in den letzten zehn Jahren mit der Körpersprache von Babys befaßt haben.

In meinen Gruppen schaue ich gemeinsam mit den Eltern die Video-Aufnahmen an; dabei lernen die Eltern, wieviel sie bereits über die Signale ihrer Babys wissen, auch wenn ihnen das gar nicht bewußt ist. Wir freuen uns, wenn ein Austausch zwischen Baby und Eltern gelungen ist, und ich beschreibe, wieviele weitere kommunikative Möglichkeiten bestehen. Eltern brauchen Anstöße. Von Zeit zu Zeit werden Sie vielleicht daran zweifeln, ob Sie überhaupt einen »Draht« zu Ihrem Baby haben. Falls Sie dann bei Ihren Verständigungsversuchen von Verlegenheit, Nervosität oder Schuldgefühlen gehemmt werden, könnte das die natürliche Harmonie in Ihrer Familie stören. In solchen Momenten ist es gut zu wissen, nach welchen Signalen Sie Ausschau halten und welche Signale Sie selbst übermitteln sollten.

Es lohnt sich, die Sprache Ihres Babys zu erlernen

Es gibt viele Gründe, warum Sie ein Experte in Sachen Babysprache werden sollten. Wenn Sie die Gefühle Ihres Babys erkennen und widerspiegeln, bestätigen Sie Ihrem Kind tief und nachhaltig, wer es ist. Dieses Feedback ist für Ihr Baby lebenswichtig – ahmen Sie deshalb seine Lebensäußerungen nach, und Sie werden seine Freundschaft gewinnen! Sogar diese einfache Form von Anerkennung ist für jedes Baby eine Quelle größten Vergnügens. Damit Ihr Baby das Gefühl bekommt, erkannt und akzeptiert zu werden, müssen Sie die tieferen Bedeutungen seiner Signale verstehen.

Darüber hinaus wird die emotionale Entwicklung Ihres Babys in hohem Maß davon beeinflußt, welches Verhalten Sie ignorieren und welches Sie verstärken. Wenn Sie auf ein Signal konstant positiv oder negativ reagieren oder es ganz ignorieren, wird Ihr Baby Ihre Reaktion schließlich schon voraussehen. Ihr Feedback hilft ihm dann, mit seinen Gefühlen klarzukommen. Dabei lernt es auch, welches Verhalten in Ihrer Familie akzeptabel ist und welches nicht.

Während Sie auf Ihr Baby reagieren und es Ihre Reaktion im Gedächtnis speichert, lernt es, extreme Gefühle zu dämpfen. Wenn Sie Schmerz, Trauer und Wut Ihres Babys einfach ignorieren, hilft das genauso wenig, wie übertrieben darauf einzugehen. Beobachten Sie seine leisen Signale, dann können Sie selbst ausgeglichen bleiben und Ihrem Baby helfen, seine Gefühle besser zu steuern. Es wird dann früher über die »Alles-oder-Nichts- Phase« hinauswachsen und lernen, angemessener und flexibler auf eine Situation zu reagieren.

Die Körpersprache Ihres Babys kann sich unter Ihrem Einfluß sogar verändern: Zum Beispiel wirken Zweijährige glücklicher, deren Mütter im ersten Jahr dem kindlichen Ruhebedürfnis rascher nachkamen. Kinder, deren Mütter auf Wut weniger überrascht als mitfühlend reagieren, pressen nicht so oft die Lippen zusammen (ein Signal unterdrückter Wut). Babys, die mit ihren Bezugspersonen nicht »auf einer

Wellenlänge« liegen, lächeln weniger. Und eine schnelle, angemessene Reaktion auf Weinen bewirkt, daß ein Baby weniger weinen muß.

Die Signale Ihres Babys sind eine Bitte an Sie, ihm dabei zu helfen, seine innere Harmonie wiederzuerlangen. Angenommen, es zeigt beim Füttern Anzeichen von Gereiztheit. Vielleicht ist sein Spielzeug auf den Boden gefallen, oder Sie füttern es zu rasch. Seine Gefühlsäußerung ist für zwei Menschen von Nutzen: Ihr Baby macht seine eigenen Bedürfnisse klar und bringt Sie dazu, etwas zu tun, das seine gute Laune wiederherstellt. Erschrickt es, werden Sie auf eine Gefahr aufmerksam, die Sie beseitigen oder meiden können. Seine Angst läßt Sie wissen, wie Sie es beschützen können. Freude signalisiert Ihnen, daß Sie mit dem, was Sie beide gerade tun, weitermachen sollen, damit die innere Ausgeglichenheit und positive Stimmung erhalten bleiben.

Je besser Sie sich auf Ihr Baby einstellen lernen, desto früher wird es Ihnen gelingen, seine Signale aufzufangen. Sie werden die Frühwarnzeichen rasch sehen und hören und brauchen nicht zu warten, bis die Tränen fließen. Sie werden lernen, wann der Punkt erreicht ist, an dem Ihr Baby genug hat, und können es schon vorher in Ruhe lassen, damit es sein inneres Gleichgewicht wiedererlangt. Dank Ihres Einfühlungsvermögens wird ihm das im Alter von zwei Jahren schon selbst gelingen.

Das Eingehen auf die Signale Ihres Babys bringt ein wechselseitiges Hin und Her, einen regelrechten »Ballwechsel« in Gang. Je besser Sie Ihr Baby verstehen, desto feiner wird Ihr Gespür dafür, ob es bereit dazu ist, Informationen aufzunehmen, ob es gerade damit beschäftigt ist, selbst Informationen zu sammeln, oder ob es über das Gelernte nachdenkt. Also werden Sie wissen, wer gerade am Ball ist. Sich in der Interaktion abzuwechseln – erst sprechen, dann zuhören, erst aktiv werden, dann entspannen – ist die Vorstufe des Gesprächs.

Wenn Sie Ihr Baby verstehen, helfen Sie ihm, seine eigene Identität zu spüren und die Fähigkeit zu entwickeln, extreme Emotionen in den Griff zu bekommen. Wer früher auf die Stimmungslage seines Babys reagiert und seine Bedürfnisse vollständiger erfüllt, zeigt ihm, welchen Nutzen ein mitteilungsfreudiges Verhalten hat.

Aber erwarten Sie von Ihrem Baby keinen Dank für Ihre Anstrengungen. Besteht zwischen Ihnen beiden ein guter »Draht«, wird es Ihnen sogar kaum Beachtung schenken. Ab und zu ein Blick, ein paar Spielchen, wenn Sie es wickeln oder ihm ein neues Spielzeug in die Hand drücken, und schon ist es wieder auf und davon. Es wird immer wieder bei Ihnen Rückhalt suchen; Sie müssen ihm dann ein Gefühl der Sicherheit geben, es beruhigen, daß keine Gefahr besteht oder ihm bestätigen, daß es eine neue Aufgabe gut bewältigt hat. Mit den Monaten wird Ihr Baby nicht mehr so oft in Ihrem Gesicht und Ihrer Stimme Orientierung suchen müssen, weil Sie eine innere Größe in ihm geworden sind. Sie sind ein hilfreicher innerer Weggefährte geworden, auf den es sich verlassen kann.

Spiel mit mir – laß mich in Ruh

Der beste Moment, um Ihr Baby kennenzulernen, ist gekommen, wenn es wach und innerlich ruhig ist. Im Zustand entspannter Aufmerksamkeit kann es am besten etwas über sich selbst, Sie und die Welt lernen.

Wenn Sie Ihrem Baby helfen wollen, diesen Zustand äußerster Empfänglichkeit zu erreichen, müssen Sie genau auf seine Signale achten, mit denen es meldet: »Ich bin voll da« oder »ich brauche Ruhe«. Diesen Signalen können Sie entnehmen, wann Ihr Baby bereit und offen ist für Ihre Zuwendung und Stimulation, oder wann es Anregungen abblokken will und eine Pause braucht. Die Signale des Rückzugs sind deutlicher als die der Gesprächsbereitschaft, weil sie durch Überreizung ausgelöst werden und körperlich heftiger ausfallen. Die Signale der Bereitschaft, eine mäßig stimulierende, angenehme Situation aufrechtzuerhalten, sind weniger eindringlich; meist zeigt immer nur ein Teil des Körpers eine Reaktion. Jedes Baby hat sein eigenes Repertoire an Signalen, mit denen es klarmacht, ob es spielen oder sich lieber zurückziehen will.

Wenn Sie die frühen Zeichen des Rückzugs bei Ihrem Baby erkennen lernen, können Sie vermeiden, daß sich heftige negative Emotionen zusammenbrauen, mit denen schwieriger umzugehen ist. Ihr Baby kann sein Ruhebedürfnis mit Schnarchen, Niesen, Gähnen, Schluckauf, verstärkten Sauggeräuschen oder Gewimmer anmelden. Macht es ein ausdrucksloses Gesicht, sieht es müde aus oder schließt es vielleicht sogar die Augen halb? Ein weiteres schwaches Signal ist der Ausdruck leichten Ekels, eine gerümpfte Nase und eine etwas angehobene Oberlippe. Manchmal werden Sie einen Schmollmund beobachten oder eine leicht vorgeschobene Zunge. Oder es wendet seine Augen von Ihnen oder einem Gegenstand ab. Seine Augen können blinzeln, unruhig hin- und herzucken oder fest zusammengekniffen werden. Manchmal preßt es die Lippen aufeinander und saugt sie gleichzeitig nach innen, oder »fletscht die Zähne«, wobei die Mundwinkel nach hinten gezogen sind.

Auch mit dem Körper kann Ihr Baby signalisieren, daß es Ruhe braucht. Zum Beispiel, wenn es die Unterarme dicht an den Bauch zieht und mit den Händen herumwedelt. Weitere Körpersignale sind parallel zum Körper steif ausgestreckte Arme, hochgezogene Schultern, gestreckte und steife Beine, Gestrampel oder verstärkte Fußbewegungen. Macht Ihr Baby den ganzen Körper steif oder vollführt mit Armen und Beinen sprunghafte, steife Bewegungen, können Sie das ebenfalls als Frühzeichen seines Bedürfnisses deuten, einen intensiven Austausch abzubrechen. Manchmal zeigen Babys mit den Händen, daß sie eine Pause brauchen. Erkennungszeichen sind, wenn Ihr Baby seine eigene Hand festhält, seine Hand hinter den Nacken oder Kopf schiebt, auf den Mund oder Bauch legt oder ans Ohr führt. Finger und Handgelenke geben möglicherweise noch subtilere Hinweise darauf, daß Ihr Baby die Situation beenden möchte. Streckt es zum Beispiel einen oder mehr Finger aus, ist das ein Zeichen des Rückzugs. Ein anderes frühes Rückzugssignal läßt sich daran erkennen, daß Ihr

Baby seine Handgelenke rasch kreisen läßt, sie abknickt oder starr ausstreckt.

Zu den heftigen Abwehrsignalen gehört auch das Schreien, wobei sich drei Arten unterscheiden lassen, die von Hunger, Zorn und Schmerz ausgelöst werden. Hungergeschrei erkennt man meist daran, daß es ruhiger als anderes Schreien ist und aus ein bis zwei Sekunden langen Schreiphasen mit Pausen dazwischen besteht. Das Schreien und die Pausen wechseln in einem regelmäßigen Rhythmus. Zorngeschrei ist im Grunde eine geballtere Version des Hungergeschreis, immer noch mit regelmäßigen Rhythmus. Schmerzensschreie sind laut, setzen plötzlich ein und dauern etwa sieben Sekunden lang. Dann atmet das Baby hörbar aus, schnappt nach Luft und setzt wieder zum Schreien an. Im Alter von einem Monat verzieht ein Baby, das Schlaf braucht, vielleicht nur weinerlich das Gesicht, ohne wirklich in Geschrei auszubrechen. Noch jüngere Babys verfallen manchmal aus dem Wachzustand direkt in den Schlaf, wenn sie sich zurückziehen wollen. Würgen oder Erbrechen sind ebenfalls eindeutige Rückzieher.

Ein weiteres starkes Rückzugssignal ist eine abwehrend ausgestreckte Hand: Ihr Baby bewegt seine Hand mit starren Fingern und steifem Handgelenk auf Sie oder einen Gegenstand zu, wie ein Polizist, der ein Stoppzeichen macht. Oder es ballt die Hände zur Faust, winkelt die Arme an, hebt die Fäuste und schlägt damit plötzlich nach unten. Diese Signalfolge ist von unmißverständlicher Heftigkeit. Auf ähnliche Weise, wenn auch weniger dramatisch, hämmert es vielleicht mit den Handflächen auf den Tisch, wenn es im Hochstuhl sitzt. Das ist natürlich auch oft ein Zeichen von Aufregung, daher sollten Sie es nicht gleich als Negativsignal interpretieren; es kann, muß aber nicht bedeuten, daß Ihr Baby inmitten der Aufregung eine kurze Pause braucht.

Von einer Person oder einem Gegenstand wegzukrabbeln oder wegzulaufen ist ebenfalls ein sehr häufiges Verhalten, mit dem ältere Babys zu verstehen geben, daß sie eine Pause brauchen, sei es auch nur ein paar Sekunden lang. Ein jüngeres Baby oder ein Baby, das bleiben muß, wo es ist, wendet sich vielleicht einfach ab oder wirft sich nach hinten, wenn es mehr Distanz zu einem Objekt oder einer Person haben will. Ein Baby, das den Kopf von einer Seite zur anderen schüttelt oder Kopf und Augen völlig wegdreht, sagt dasselbe. Ein Signal schließlich, das Sie schon bei einem Neugeborenen beobachten können, das aber das ganze erste Lebensjahr wieder auftauchen kann, ist das Durchstrecken des Rückens. Wenn Sie rasch auf diese Notsignale eingehen, erweisen Sie Ihrem Baby Respekt und legen damit die Grundlage für ein späteres positives Selbstwertgefühl. Werden die Signale ignoriert, führt das bei Ihrem Baby zu dem Schluß: »Du schätzt mich nicht, du findest meine Signale nicht beachtenswert.«

Genau wie Ihr Baby unauffällig oder offenkundig ausdrückt, wenn es sich zurückziehen möchte, verfügt es über viele Möglichkeiten, um Ihnen seine Gesprächsbereitschaft nahezubringen. Wenn ein kleines Baby Ihre Aufmerksamkeit auf sich ziehen will, lebt vielleicht nur sein Gesicht auf; die Augen weiten sich, das Minenspiel wird lebendig. Es kann auch die Hände öffnen, eine nach der anderen. Vielleicht röten sich sogar die Bäckchen, und die Augen blitzen. Als erste Kontaktaufnahme wendet es manchmal nur das Köpfchen und die Augen in Ihre Richtung. In den ersten Monaten legt es vielleicht auch die Unterarme über den Bauch; die Hände sind dabei zur Faust geballt, die Handflächen dem Körper zugewandt. Sie erinnern sich an eine ähnliche Beschreibung bei den Rückzugssignalen, doch dieses Mal irren die Hände Ihres Babys nicht über das Bäuchlein, als seien sie auf der Suche nach etwas. Diese neue Haltung werden Sie möglicherweise sehen, wenn Sie Ihr Baby im Arm halten und gerade zu Ende füttern. Jetzt ist es nicht mehr so hungrig und kann sagen: »Weil du mir zu essen gibst, bin ich zum Spielen aufgelegt.«

Starke Kontaktsignale beginnen mit den Augen. Beobachten Sie, wie Ihr Baby Sie anschaut. Wenn Sie sich ihm zuwenden und dabei merken, daß es Ihnen bereits ins Gesicht blickt, ist es bereit für einen Austausch. Blickwechsel sind ein starkes Bereitschaftssignal. Ihr Baby wird vielleicht als erstes die Augen abwenden, vielleicht nur eine Sekunde lang, und Sie dann wieder anschauen. Das Muster »Hinschauen – Wegschauen« wird von Babys gern wiederholt. Mütter halten den Blickkontakt meist aufrecht und schauen weniger häufig als erste weg. Achten Sie auch darauf, wenn Ihr Baby gluckst und Hände und Schultern entspannt öffnet, beides starke Kontaktsignale. Vielleicht strampelt es auch mit den Füßen und hält wieder inne, als ob es sagen wollte, daß jetzt Sie an der Reihe sind.

Schon wenige Wochen alte Babys sagen uns, wann sie aufnahmebereit sind und wann sie sich die Dinge lieber in Ruhe durch den Kopf gehen lassen möchten; so bleibt es das ganze erste Lebensjahr hindurch. Die ausgesandten Signale, ob unauffällig oder unübersehbar, sind dabei der Schlüssel für eine gelungene Kommunikation.

Die wichtigsten Signale

Beim Signalisieren von Kontaktsuche oder Ruhebedürfnis bleibt Ihr Baby nicht stehen; mit den Monaten erweitern sich seine Reaktionsmöglichkeiten auf Erlebnisse und Erfahrungen ganz wesentlich. Die Grundemotionen im ersten Lebensjahr sind Freude, Interesse, Überraschung, Traurigkeit, Langeweile, Zorn, Ekel, Angst und Schmerzen. Photos von einundzwanzig Babys und ihren Eltern werden Ihnen vorführen, wie diese Signale in konkreten Situationen aussehen. Sie werden Ihre Beobachtungsgabe dafür schärfen, wie Ihr Baby seine Gefühle ausdrückt, und von der Zungenhaltung über die Wangenmuskeln bis zur Haltung einer Schulter sämtliche Details seiner Körpersprache deutlicher wahrnehmen. Wie die Photos zeigen, haben Babys viele Signale gemeinsam; gleichzeitig zeichnet sich aber auch der individuelle Stil eines jeden Babys ab. Vergleichen Sie die Photos damit, wie Ihr eigenes Baby sich verhält, wenn Sie miteinander spielen. Dann werden Sie das Vokabular Ihres Babys schnell erfassen.

Zwar lernen Sie die Signale am besten durch das Betrachten der Photos kennen; zur raschen Orientierung fassen wir hier jedoch zusammen, welche Signale zu den Grundemotionen gehören.

Freude. Entspannte Augenbrauen. Angehobenes Unterlid. Oft sind Fältchen in den äußeren Augenwinkeln und unter dem Lid zu erkennen. Hochgezogene Backen. Der Mund kann leicht geöffnet sein. Die Mundwinkel können nach oben und in Richtung Ohren gezogen sein.

Interesse. Entspannte Mund- und Augenpartie. Leicht erhobene Augenbrauen. Ober- oder Unterlippe bilden ein Rechteck. Leicht hochgezogene Bäckchen.

Überraschung. Hochgezogene, geschwungene Augenbrauen.
Stirnrunzeln. Weit geöffnete Augen. Der Unterkiefer hängt nach unten. Entspannter Mund.

Traurigkeit. Hochgezogene Augenbrauen, auch der innere Winkel des Oberlids ist hochgezogen. Unter den Augenbrauen bildet sich ein Dreieck. Die Mundwinkel hängen nach unten. Die Lippen können schlaff sein und zittern. Der Mund öffnet sich zum Weinen. Das Kinn ist angespannt oder schlaff.

Langeweile. Die Augen blicken teilnahmslos und scheinen nicht zu blinzeln. Das Gesicht wirkt ernüchtert. Der Mund ist geschlossen. Die Arme liegen seitlich an. Das Baby liegt unbeweglich und schläfrig da.

Zorn. Die Augenbrauen sind fest zusammengezogen und gesenkt; oft erscheint dazwischen eine senkrechte Falte. Die Lider sind angespannt. Die Augen starren eindringlich und können leicht hervortreten. Die Lippen sind fest aufeinandergepreßt, die Mundwinkel gerade oder nach unten gezogen. Der Mund ist vielleicht geöffnet und die Lippen angespannt, als ob das Kind einen Schrei ausstoßen wollte.

Angst. Die Augenbrauen sind angehoben und fest zusammengezogen. Stirnrunzeln. Hochgezogenes Oberlid, angespanntes Unterlid. Unter dem Oberlid wird das Weiße des Augapfels sichtbar. Die Lippen sind angespannt, nach hinten gezogen und geöffnet.

Ekel. Heruntergezogene Augenbrauen, damit auch gesenktes Oberlid. Die Augen können dadurch schmal erscheinen. Gerümpfte Nase. Hochgezogene Backen. Hochgezogene oder vorgewölbte Unterlippe.

Schmerzen. Kombination aus Überraschung, Zorn und Gereiztheit. Der Unterkiefer hängt nach unten, die Mundwinkel sind nach unten gezogen. Starrer Blick mit angespannten Lidern. Backen fragend hochgezogen. (Für dieses Buch nicht photographiert.)

Wie Sie mit Ihrem Baby »sprechen« können

Vielleicht fragen Sie sich jetzt, ob Ihnen irgendein Gefühlsausdruck Ihres Babys in seiner Bedeutung entgangen ist und Sie damit als Eltern irgendwie versagt haben. Sie verstehen Ihr Baby jedoch besser, als Sie wissen. Und machen Sie sich keine Sorgen – Ihr Baby ist immer bereit, die Dinge klarzustellen. Sogar wenn es quengelt, nicht essen will und Ihnen überhaupt das Leben schwer macht, ist es offen für Ihre Zuwendung. Es will ausdrücken: »Sag mir, was mit mir los ist, dann zeig mir, wie ich aus dieser Situation herauskomme, und ich benehme mich anders – du wirst schon sehen!«

Beginnen Sie jede »Unterhaltung« mit Ihrem Baby ruhig und entspannt. Warten Sie, worauf es hinaus will. Ahmen Sie seine Gesten behutsam nach. Versuchen Sie, gleichmäßig und im Rhythmus Ihres Babys zu atmen. Versuchen Sie, mit Ihrem äußeren Gesichtsfeld seine Füße, Hände und Schultern genauso zu erfassen wie sein Gesicht. Beobachten Sie nicht nur die großen Augen, sondern auch die Augenbrauen, Wangen und anderen Gesichtspartien. Sorgen Sie dafür, daß

Sie nicht von Haustieren, Anrufen oder anderen Leuten unterbrochen werden. Erregt etwas die Aufmerksamkeit Ihres Babys, bringen Sie den Gegenstand in seine Reichweite oder helfen Sie ihm, ihn zu erreichen. Sagen Sie immer erst, was Sie tun wollen, bevor Sie es tun, damit die Übergänge nicht so abrupt sind. Versuchen Sie, sich ruhig und zielgerichtet zu bewegen. Respektieren Sie die Würde Ihres Babys, indem Sie immer Blickkontakt zu ihm halten, Pausen einlegen und ihm zu verstehen geben, daß Sie es gleich auf den Arm nehmen werden.

Beobachten Sie Ihr Baby so unvoreingenommen wie möglich, dann werden Sie oft Überraschungen erleben. Ich erinnere mich an ein zehnmonatiges Kerlchen namens Simon, das für seine Eigenheiten berühmt-berüchtigt war. Setzte man Simon nach dem Essen zum Spielen auf den Fußboden, krabbelte er immer zur Kommode im Schlafzimmer und rollte oder kroch darunter. Dort lag er dann still auf der Seite, mit dem Gesicht zur Wand, fünf Minuten lang. Seine Mutter erklärte, dies sei eben seine Art, ihr und dem Haushalt den Rücken zuzukehren. Als ich die Familie besuchte, kauerte ich mich auf den Boden, um zu sehen, was Simon da eigentlich trieb. Ich entdeckte eine Ameisenstraße; unser kleiner Wissenschaftler beobachtete das Insektenleben. Er war keineswegs in Abwehrhaltung, sondern zeigte eindeutige Signale lebhaften Interesses: Seine Augen waren weit aufgerissen, der Mund leicht geöffnet und die Hände entspannt.

Denken Sie daran, daß sich jedes Baby in seinem eigenen Tempo entwickelt. Altersangaben bei bestimmten Entwicklungsstufen sind nur Annäherungswerte. Wenn Sie einmal die allgemeine Babysprache kennen, gilt es, die individuellen Eigenheiten Ihres Babys zu entdecken.

Falls Ihr Baby als Frühgeburt auf die Welt kam, müssen Sie besonders sorgfältig auf seine Rückzugssignale achten, mit denen es sich schützen will. Frühgeburten brauchen länger, um sich zu beruhigen, weil ihr Nervensystem mit starker Stimulation nicht fertig wird. Sie sind oft leichter reizbar und in ihrem Verhalten weniger planvoll, wenden ihren Blick häufiger ab und lächeln weniger. Ihr Frühgeborenes ist äußerst sensibel für Ihre emotionalen Signale, daher müssen Sie sehr vorsichtig sein, um seine Freude nicht zu schmälern oder es in Zorn zu versetzen. Schützen Sie es auch vor wohlmeinenden Verwandten, die es zu stark bedrängen, weil sie seine Schutzsignale nicht kennen. Bis Frühgeborene genauso weit sind wie voll ausgetragene Babys, kann bis zu zwölf Monate dauern.

Während Ihr Ohr für die Botschaften Ihres Babys allmählich immer offener wird, werden Sie nicht nur ihm, sondern auch sich selbst immer größeres Vergnügen schenken. Es gibt nichts Aufregenderes, als die wachsende Persönlichkeit Ihres Babys mit allen Sinnen wahrzunehmen. Babys finden es wunderbar, wenn sie verstanden werden; Eltern genießen es nicht weniger, wenn sie Verständnis zeigen können.

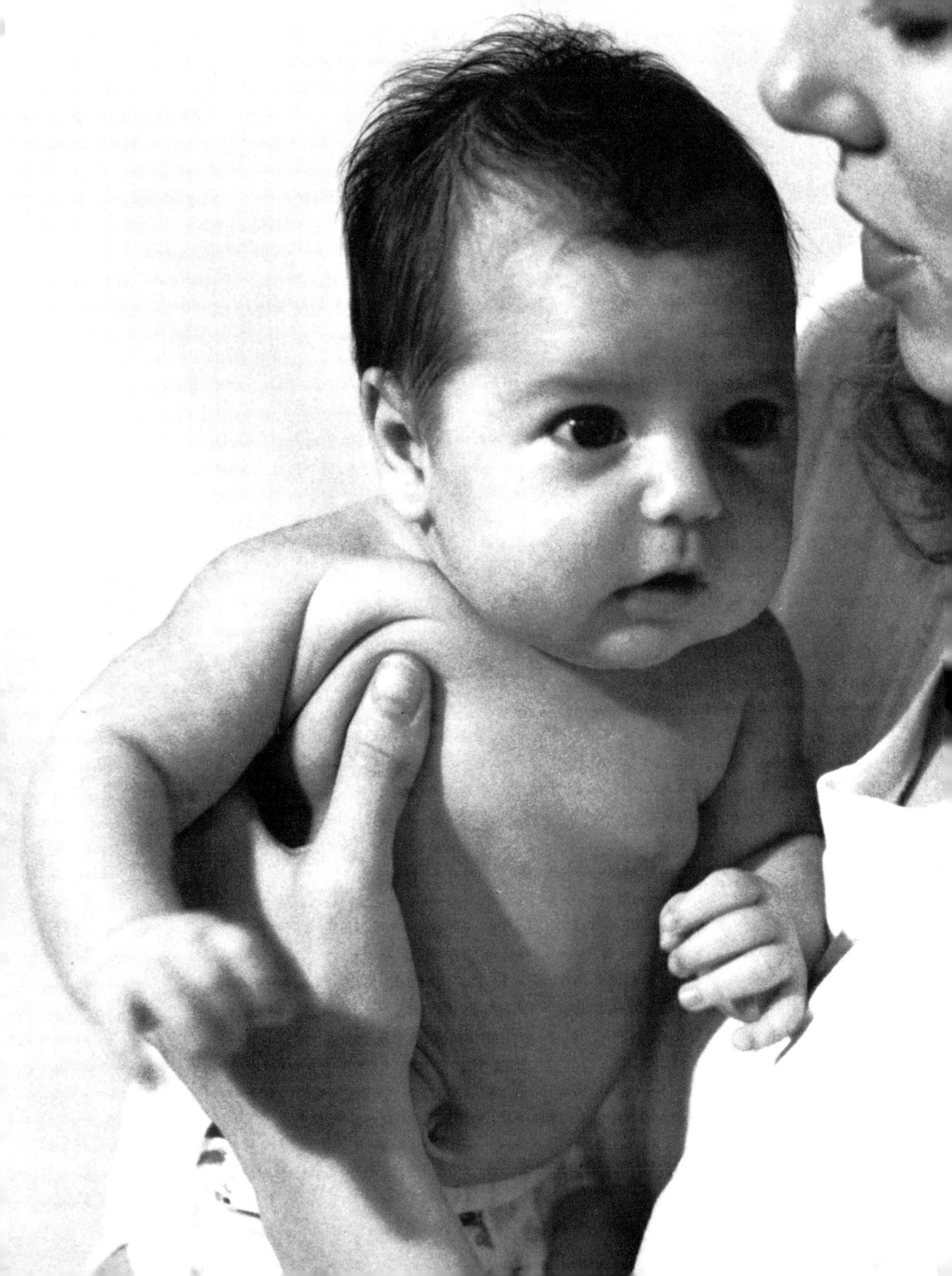

Von der Geburt bis zu drei Monaten

Anfangs teilt sich Ihr Baby vor allem durch Weinen, Rückzug, starrende Blicke und ruhige, wache Aufmerksamkeit mit. Sie werden Ihrem Baby helfen wollen, den letztgenannten Zustand so oft wie möglich zu erreichen. Ein entspanntes, aufmerksames Baby ist äußerst empfänglich für neue Eindrücke. Wenn Sie Ihr Baby in diesen Momenten beobachten, werden Sie sehen, wie Interesse, Anspannung, Entzücken, Gleichgültigkeit und viele andere Emotionen über sein Gesicht huschen; entweder verschwinden diese Gefühle ebenso rasch, wie sie gekommen sind, oder sie festigen sich. Wache Aufmerksamkeit kann und sollte immer wieder erreicht werden.

Wenn Sie etwas tun, was Ihrem Baby entspanntes Vergnügen bereitet, machen Sie auf jeden Fall damit weiter! Beschließen Sie nicht ausgerechnet zu diesem Zeitpunkt, ihm die Haare zu kämmen, es zu wickeln oder ihm ein Küßchen abzubetteln. Dehnen Sie seine Aufmerksamkeitsspanne so weit wie möglich hinaus. Wenn Sie die Phasen ruhiger Aufmerksamkeit dazu benutzen, um zu telefonieren oder eine Arbeit zu erledigen, entgehen Ihnen die besten Momente Ihres Babys. Ein lächelndes Baby sagt Ihnen, daß Sie das, was Sie gerade tun, fortsetzen sollen; beachten Sie also dieses Lächeln!

Manchmal ist Ihr Baby wach, aber nicht ruhig und gelöst, sondern in einem Zustand der Anspannung. Seine Augen sind auf den Gegenstand gerichtet, der sein Interesse weckt, aber sein Blick ist starr und konzentriert, wie bei einem Studenten unter Prüfungsängsten. Die Gesichtsmuskeln sind starr und angespannt. Ihr Baby hat Schwierigkeiten, mit seinen Gefühlen klarzukommen. Sie können ihm helfen, wenn Sie ihm auf ruhige Weise Rückhalt geben. Falls Sie jetzt versuchen, mit ihm zu spielen, werden Sie es weiter überfordern und bald Tränen sehen.

Ein weiterer Hinweis darauf, daß ein Baby gerade in Schwierigkeiten steckt, ist ein passiver Gesichtsausdruck mit schlaffen Gesichtsmuskeln. Wenn ein Baby diesen Ausdruck zeigt, dann will es sich meistens zurückziehen. Matte Augen verraten den Wunsch, den Reizpegel im Raum herunterzuschrauben – egal, ob es sich um Geräusche, Licht oder Aktivität handelt.

Ein dritter Anhaltspunkt, der auf Überforderung deutet, ist ein schneller Wechsel im Minenspiel. Ein Baby, das rasch hintereinander angespannt, teilnahmslos, abwehrend, unkonzentriert und orientierungslos aussieht, steht höchstwahrscheinlich unter inneren Spannungen. Bevor Sie reagieren, warten Sie, in welcher Gemütslage Ihr Baby schließlich endet. Dann beruhigen Sie es und schaukeln es sanft hin und her.

In den ersten Monaten sind die Kontakt- und Rückzugssignale, die im einführenden Teil beschrieben wurden, besonders wichtig. Mit ihrer Hilfe können Sie auf die emotionale Verfassung Ihres Babys einwirken, so daß es sich weder zu stark aufregt, noch zu wenig stimuliert wird und sich langweilt. Werden zum Beispiel die Augen Ihres Babys glasig und das Köpfchen sackt nach unten, versucht es, sich von der Außenwelt abzuschotten. Ist der Blick wach, hat es seine Fassung wiedererlangt. Wenn Sie das Köpfchen nun so lagern, daß Ihr Baby besser sehen kann, können Sie ihm helfen, länger aufmerksam herumzuschauen.

Solange zwischen Ihnen und Ihrem Baby ein Austausch stattfindet, wird es das Köpfchen öfters entspannt drehen und wenden; doch wenn es sich plötzlich fast rechtwinklig wegdreht und sich Ihnen nicht mehr zuwendet, ist es unruhig und versucht, sich zu beruhigen. Es kann ein paar Minuten dauern, bis es Ihnen wieder sein Gesicht zeigt. Warten Sie, bis es sich von selbst dazu entscheidet. Ihr Baby lernt, wie es Sie dazu bringen kann, ein »Gespräch« auf eine Weise abzubrechen und wieder anzuknüpfen, daß es sich dabei wohlfühlt.

Schreien ist natürlich das eindeutigste aller Rückzugssignale. Es ist wichtig zu wissen, daß Ihr Baby um so weniger schreien und um so mehr ruhige Phasen wacher Aufmerksamkeit haben wird, je rascher Sie auf sein Schreien reagieren. Je zuverlässiger Sie mit ihm schmusen, es in Ihren Armen wiegen, füttern oder ihm den Schnuller geben, je besser Sie sich in es einfühlen, je mehr Blickkontakt Sie mit ihm haben, desto schneller kommt das erleichternde »Bäuerchen«. Kurzes Schreien kann einem Baby sogar helfen, sich zu beruhigen.

Wenn Sie sorgfältig hinhören, werden Sie bald lernen, bei Ihrem Baby die verschiedenen Arten von Schreien zu unterscheiden. Hungergeschrei hat folgendes Grundmuster: Auf einen ersten Schrei folgt eine kurze Pause, rasches Einatmen, eine ansteigende und wieder abfallende Melodie, eine weitere Pause und dann ein erneutes Schreien. Zorngeschrei ist aufbrausend und nicht melodisch. Schmerzensschreie sind plötzlich einsetzende, laute, lange Schreie mit langer, nachfolgender Pause. Das Baby schöpft Atem, hält noch etwas inne und brüllt dann wieder heftig los. Lustschreie sind flach, nasal und variieren in der Tonhöhe. Sie sind eine frühe Form von Geplapper und eine Möglichkeit Ihres Babys, sich selbst zu amüsieren.

Falls Ihr Baby noch unter drei Monate alt ist, mag es für Sie ein gewisser Trost sein, folgendes zu wissen: Das Schreien und die Signale lassen im allgemeinen in ihrer Intensität nach, sobald Ihr Baby lernt, daß seine Bedürfnisse gestillt werden. Vielleicht lernt es sogar, ein paar Minuten zu warten.

Beachten Sie die Frühwarnzeichen; dann werden Sie in der Lage sein, Spannungen zu lösen, bevor sie sich in Geschrei Luft machen. Halten Sie Ausschau danach, ob Ihr Baby seine Augenbrauen zusammenzieht und senkt, so daß sich über der Nasenwurzel eine Falte und ein Wulst bilden. Verziehen sich die Mundwinkel nach unten oder zur Seite, ist die Botschaft klar. Die Oberlippe wölbt sich hoch. Das Baby wird unruhig, dann quengelig. Es starrt auf den Boden oder kneift die Augen zusammen.

Es gibt auch positive Zeichen, wenn sich ein Lächeln anbahnt. Beobachten Sie, ob sich die Augenbrauen zusammenziehen, ohne sich zu senken; ob sich die Augen weiten, Ihr Baby Sie lange anblickt, die Lippen spitzt oder schürzt, der untere Gesichtsbereich entspannt ist und die Bäckchen etwas nach unten hängen. Der Gesichtsausdruck ist ruhig, Arme und Beine unbewegt. Bald ist das Vergnügen offenkundig.

Wenn Sie mit Ihrem Baby spielen und es zum Lachen bringen, ist es vielleicht klug, auf weitere Stimulation zu verzichten und erst einmal abzuwarten. Sie müssen genau beobachten, um zu sehen, wann Ihr Baby ein einfaches Spielchen abbrechen will. Gewisse Signale beim Lachen sind Versuche, weitere Stimulationen abzuwehren. Lachende Babys kneifen ihre Augen zusammen oder schließen sie und werfen den Kopf zurück. Wenn Sie Ihr Baby dann weiter bedrängen, wird es vielleicht die Augen abwenden, sich überfordert fühlen und zu weinen anfangen.

Durch Beobachtung der Signale, die Ihr Baby aussendet, werden Sie auch lernen, was seine Aufmerksamkeit fesselt. Wenn Sie es anregen wollen, zeigen Sie ihm Gegenstände, die starke Kontraste besitzen oder sich auf interessante Weise bewegen. Es müssen einfache Dinge sein, weil sehr kleine Babys rasch das Interesse verlieren, wenn sie verwirrt sind.

In diesen ersten Monaten lernt Ihr Baby durch Nachahmen und Nachgeahmtwerden, schwache Signale zu verstärken und seine Gefühle zu mäßigen.

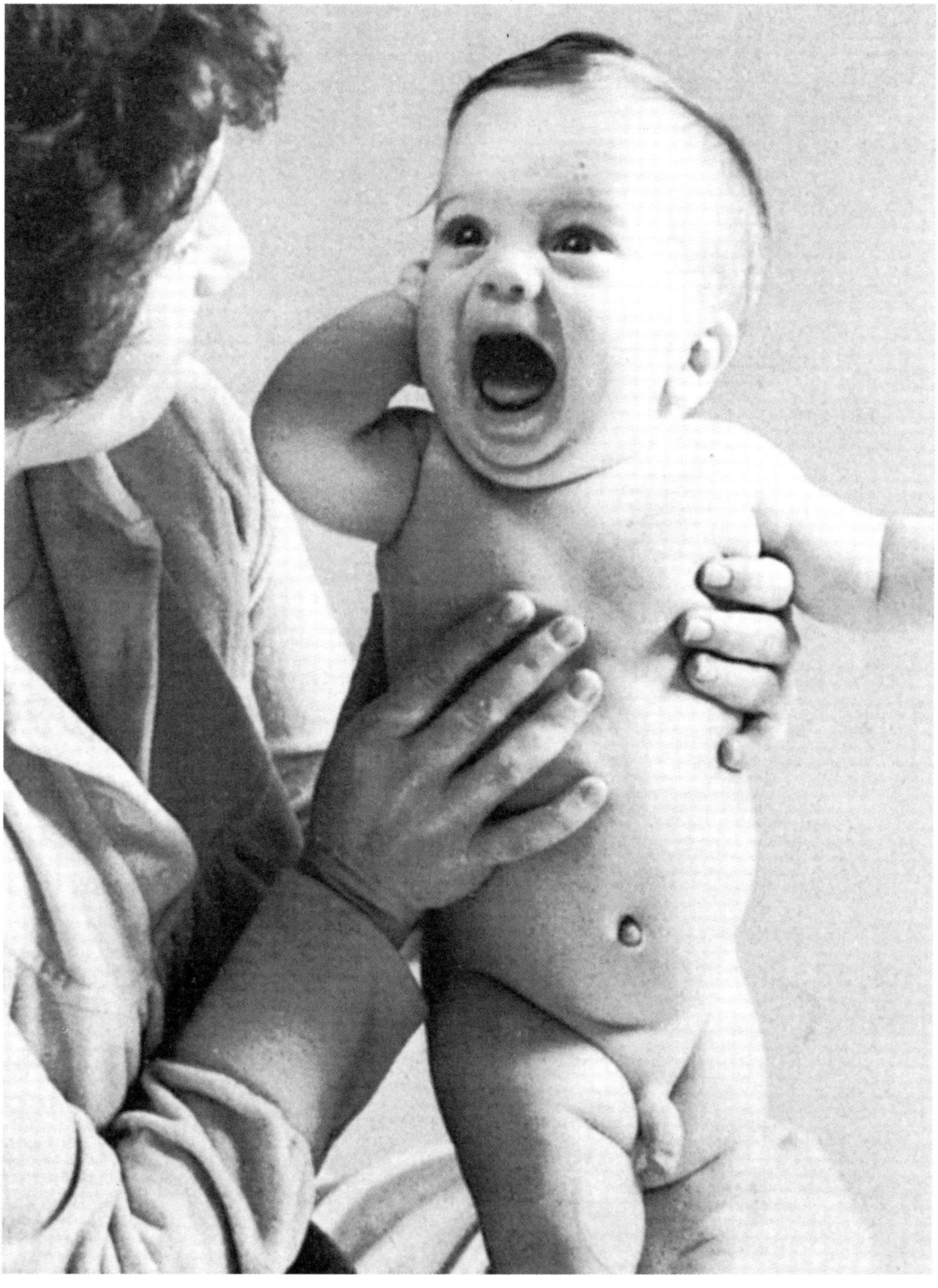

In der nächsten Minute werden Laura und ihre Mutter einen ruhigen Plausch miteinander genießen. Hier nimmt die Mutter sie hoch und merkt, daß Laura Gesprächsbereitschaft signalisiert. Das einen Monat alte Mädchen ist ruhig und hellwach; es nimmt intensiven Blickkontakt auf. Die Mundwinkel sind hoch- und zurückgezogen, als ob Laura gleich lächeln würde.

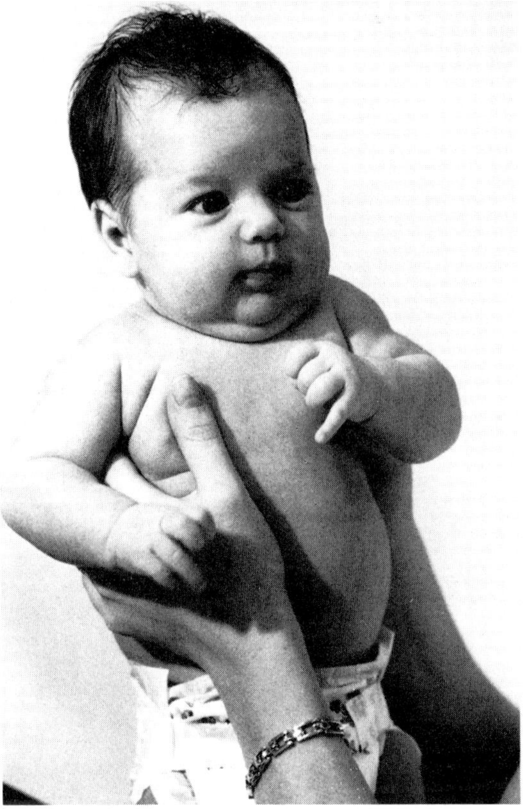

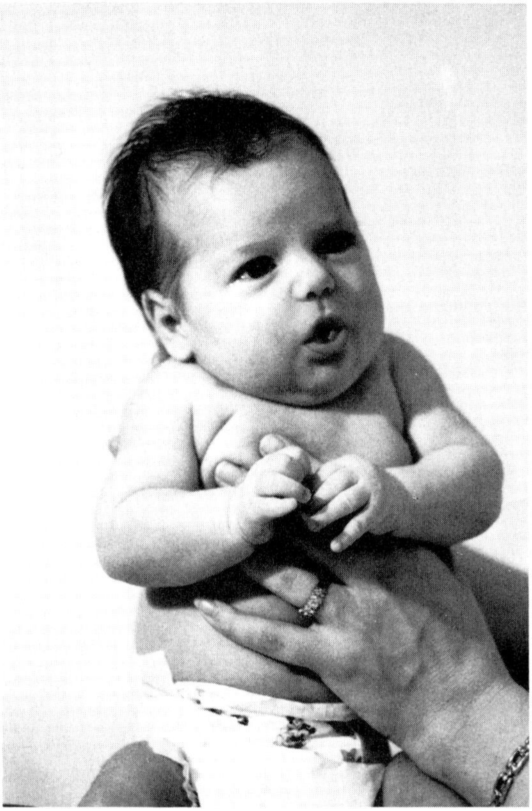

Ein paar Sekunden später sagt Laura, wie sehr sie die sanfte Stimme ihrer Mutter interessiert. Unterlippe und Zunge sind völlig entspannt und aufnahmebereit. Ein weiteres eindeutiges Signal sind die leicht erhobenen Unterarme; Laura hält die lockeren Fäustchen nach oben. Neugeborene lernen am besten, wenn sie in einem entspannten, aber wachen und aufmerksamen Zustand wie diesem sind.

Das »Gespräch« gefällt Laura offensichtlich. Zwar glauben die meisten Eltern, ihre Babys könnten erst mit sechs bis acht Wochen lächeln, doch selbst bei Neugeborenen hellt sich das ganze Gesicht auf, wenn sie vergnügt sind. Die Zeichen sind subtil. Lauras Augen strahlen mehr, die Mundwinkel zeigen nach oben. Ihre rechte Hand ist ein bißchen ausgestreckt, ein weiteres Signal der Aufnahmebereitschaft. In solchen Momenten ist ein Baby am meisten für Blinzelspielchen und gegenseitiges Nachahmen zu begeistern.

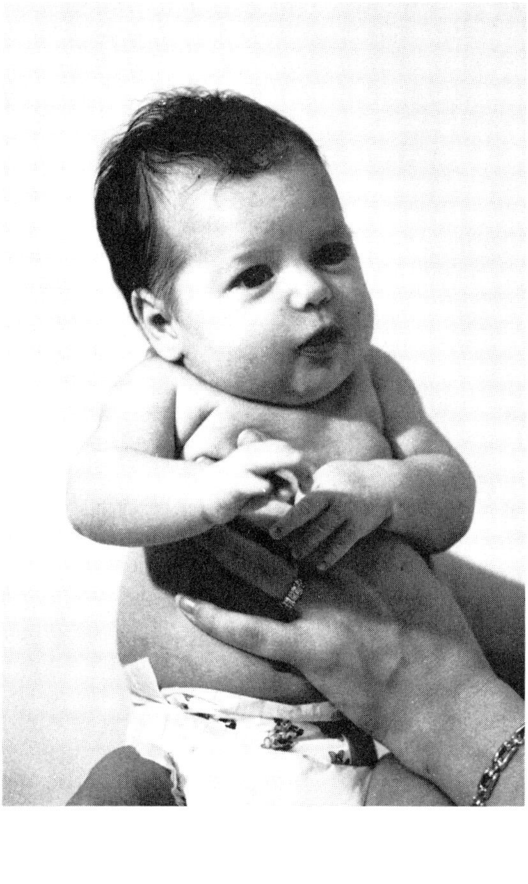

Laura hat die Verbindung abgebrochen, um das Erlebte zu verdauen. Ihr Kopf kippt nach hinten, die Augen sind leicht geschlossen, Augenbrauen, Backen und Lippen entspannt. Ein solches Gesicht machen Babys und übrigens auch Erwachsene, wenn sie sich genüßlich an Angenehmes erinnern. Bitte nicht unterbrechen – hier prägt sich gerade ein Glückserlebnis ins Gedächtnis ein.

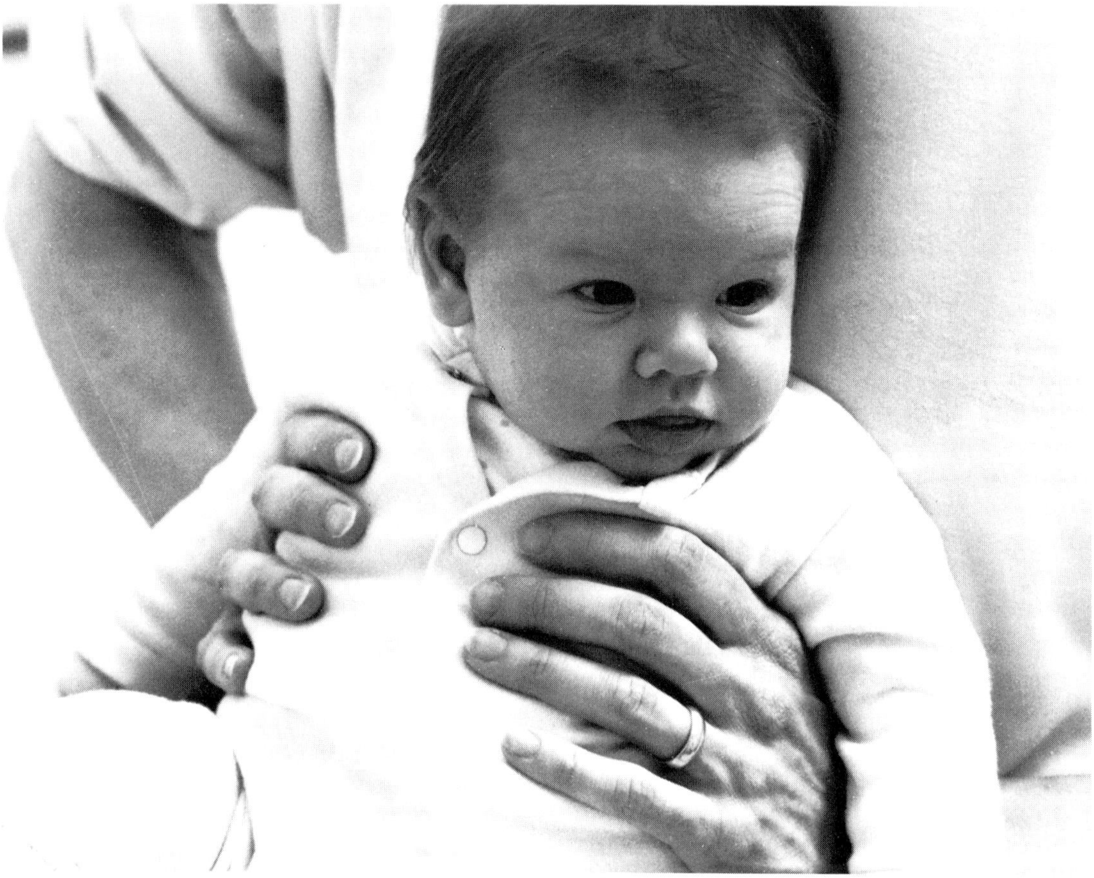

So sieht die sieben Wochen alte Kathy aus, bevor sie einen Moment später »die Ohren spitzt« und Lust auf ein Spielchen zeigt. Jetzt sind ihre Augen noch matt, die Bäckchen hängen nach unten, die Zunge fällt locker nach vorn, die Arme hängen schlaff herab. Sie ist unbeteiligt und auf nichts Bestimmtes konzentriert.

Dann fesselt etwas ihre Aufmerksamkeit: Ihre Augen leuchten auf, Spannung kommt in die Bäckchen und die Oberlippe, sie hebt das Köpfchen von der Brust und zieht die Zunge zurück. Jetzt ist Kathy gesprächsbereit.

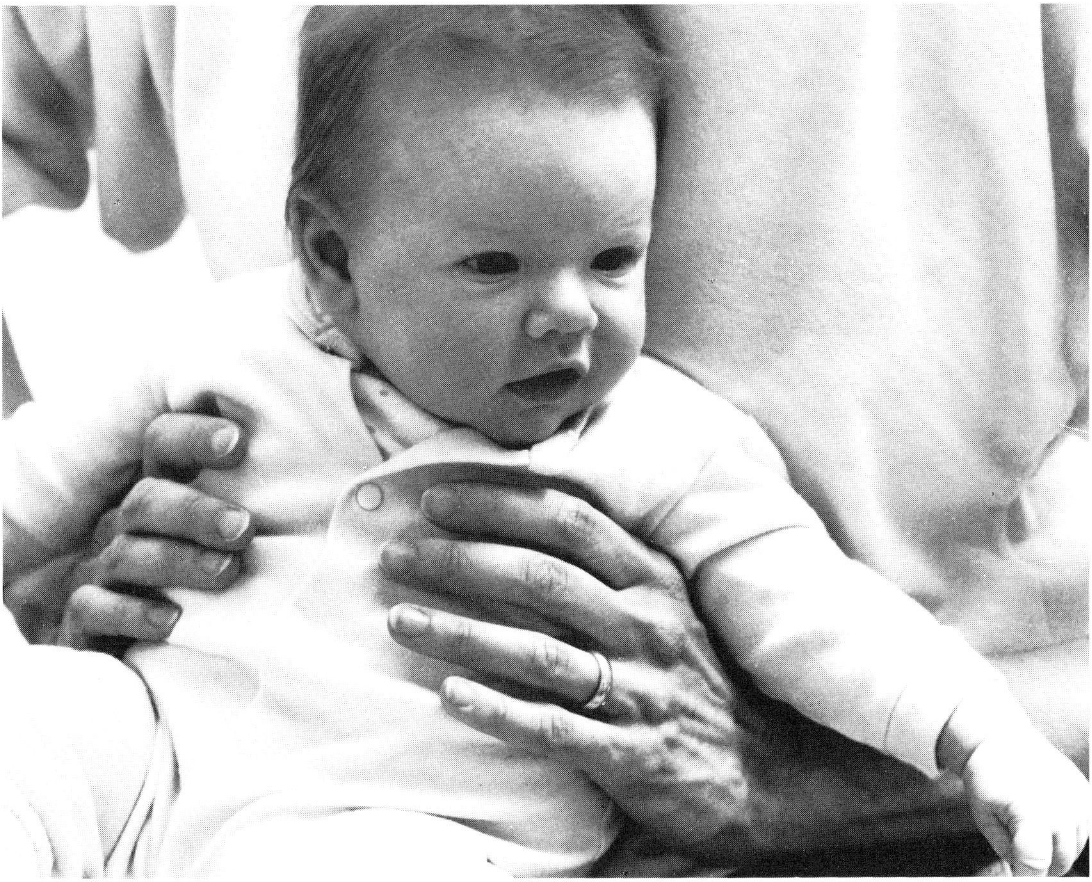

Die Freude eines Neugeborenen kommt und geht in raschen Wellen. Innerhalb von wenigen Sekunden blitzt in Kathy Vergnügen auf und ebbt dann wieder ab. Erst leuchtet ihr ganzes Gesicht auf. Der Mund öffnet sich, die Mundwinkel zeigen nach oben. Die Zunge tastet spielerisch nach dem Gaumen. Die Bäckchen sind hochgezogen, so daß sich unter den Augen und bei den Nasenflügeln verräterische Fältchen bilden. Mama soll mit ihren Späßchen unbedingt weitermachen!

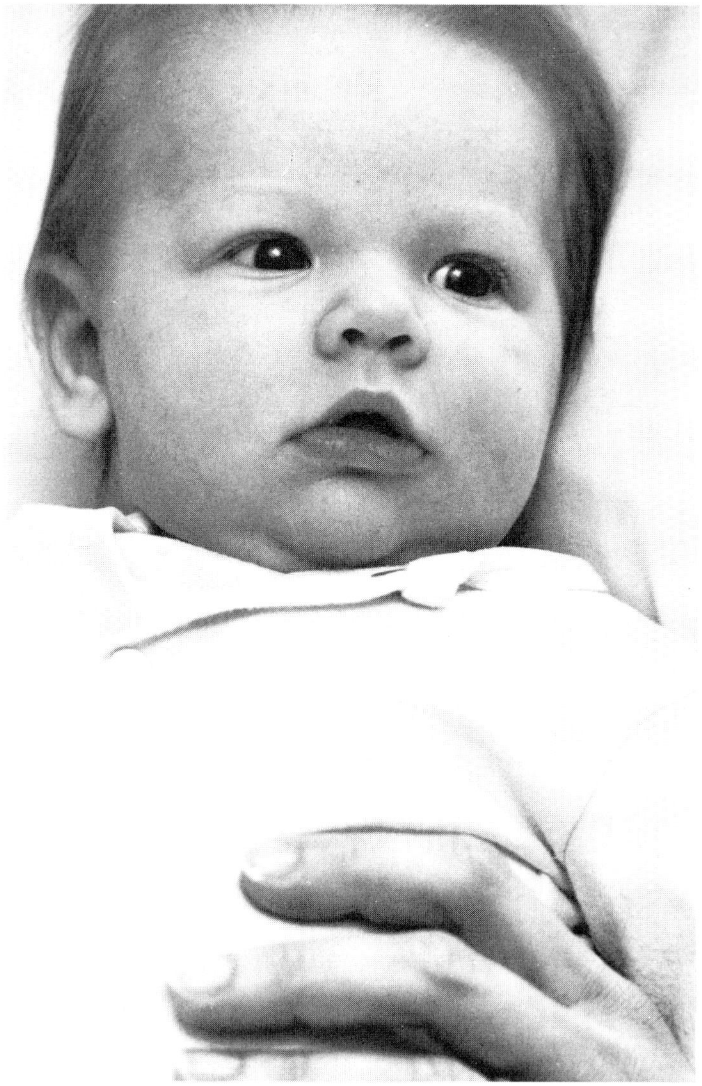

Als Kathy sich wieder zurückzieht, sackt ihre Unterlippe nach unten, die obere sieht aus wie ein Zelt. Die Fältchen sind verschwunden. Das signalisiert der Mutter, sich ruhig zu verhalten und mit der Stimulation aufzuhören. Anschließend kann sie wieder aufnehmen, was Kathy solchen Spaß gemacht hat.

»Ich bin glücklich.«

Dies ist eines jener ersten Lächeln, bei denen alle Eltern dahinschmelzen. Die Botschaft der strahlenden Augen ist unmißverständlich. Grübchen wie diese entstehen, wenn die Bäckchen vor Vergnügen ganz hochgezogen werden. Ein solches Lächeln, bei dem die Kiefer sichtbar werden und die Mundwinkel steil nach oben zeigen, signalisiert nicht nur Freude, sondern auch Empfänglichkeit. Wie beim freundlichen Lächeln der Erwachsenen gilt: Je länger, desto besser.

»Ich bin verwirrt.«

Die gerunzelte Stirn dieses zwei Monate alten Jungen verrät seine große Verwirrung. Was Christopher da hinter der Schulter seiner Mutter sieht, ist ihm nicht geheuer. Vor Überraschung hat er die Kiefer fallenlassen, die Augenbrauen sind fragend erhoben. Er ist aufmerksam, aber ihm fehlt die entspannte Ruhe, die Lernvorgänge begünstigt. Er steht auf der Kippe zum Weinen und muß erst beruhigt werden, bevor er die Ereignisse aufnehmen kann.

Kathys Bäckchen, die beim glücklichen Strahlen so weit oben waren, sacken jetzt nach unten. Ihr starkes Stirnrunzeln und die vorgeschobene Unterlippe machen deutlich, daß sie nicht nur verwirrt, sondern auch verstört ist. Sie wendet ihren Kopf dem Gegenstand ihrer Beunruhigung nicht voll zu – ein Selbstschutzmechanismus. Man sollte sie jetzt nicht weiter herumdrehen oder näher an das, was ihr Mißfallen erregt, heranbringen.

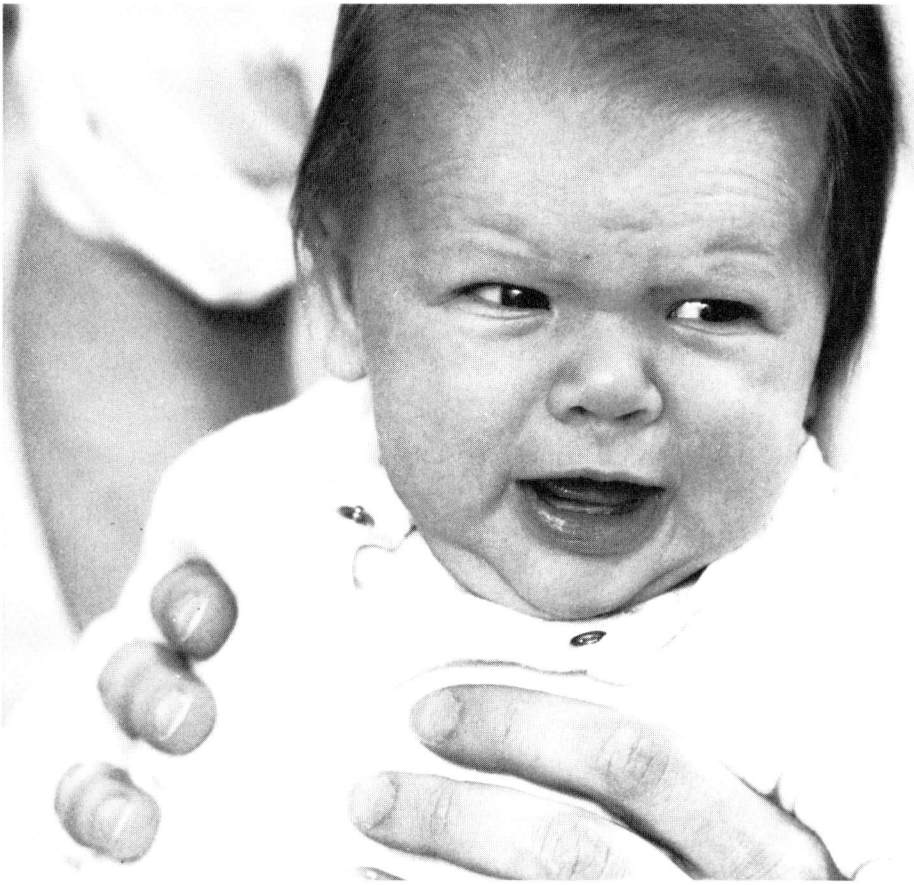

»Ich fürchte mich.«

Laura gibt zu verstehen, daß sie Angst hat, als sie in einer sitzenden Haltung abgestützt wird. Ihre Augen sind so weit aufgerissen, daß das Weiße oberhalb der Iris vorscheint. Das Köpfchen ist zwischen den Schultern eingezogen, und ihre äußerste Vorsicht könnte leicht in Weinen umschlagen.

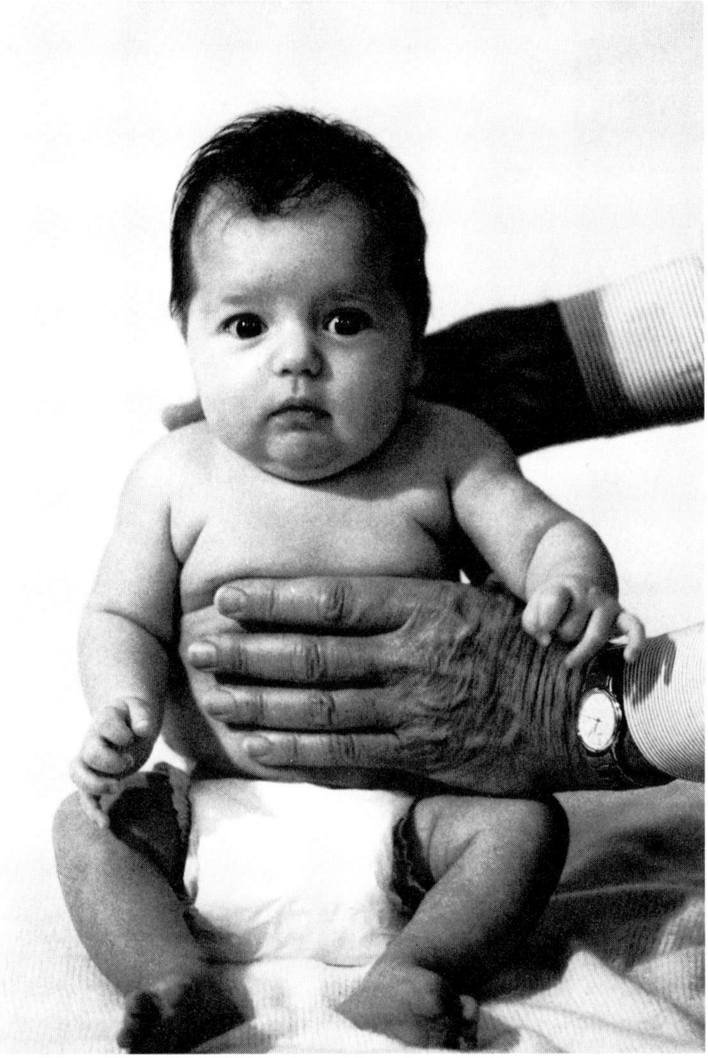

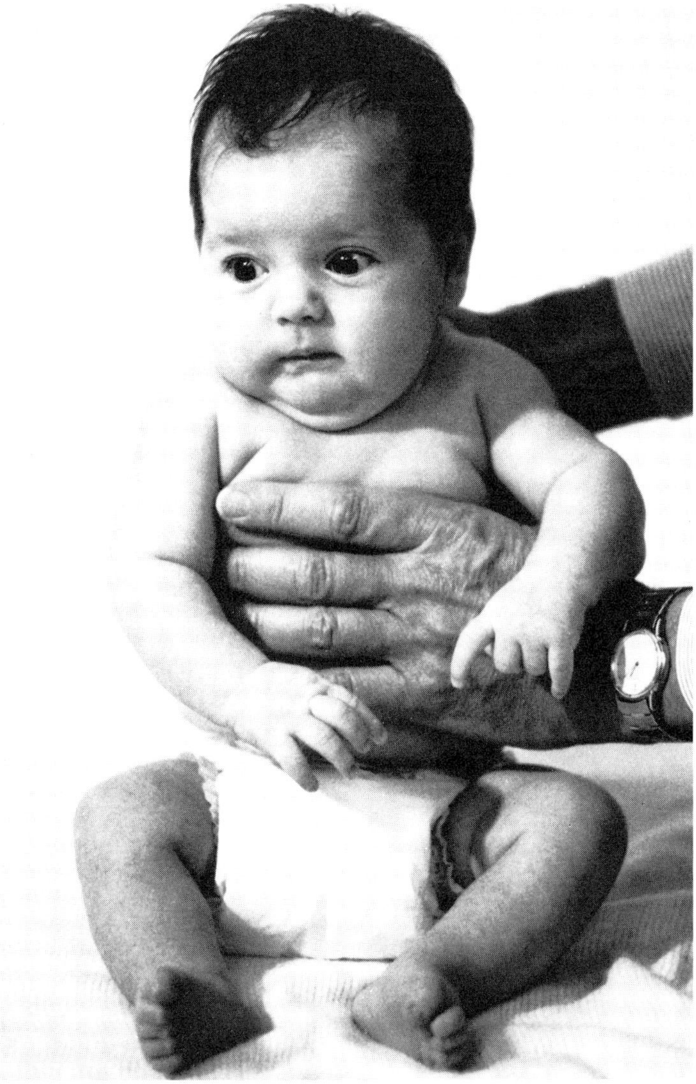

Dann wendet sie den Kopf ab und neigt ihn nach unten, indirekte Signale, daß sie den Vorgang abbrechen möchte. Die Ärmchen wandern über den Bauch, als ob sie sich schützen wollte. Auch der angespannte Mund verrät ihre Angst; sie hat die Unterlippe eingezogen und die Kiefer aufeinandergepreßt. Es ist eindeutig, daß Laura diese ungewohnte Haltung nicht mag.

»Mir reicht's im Moment.«

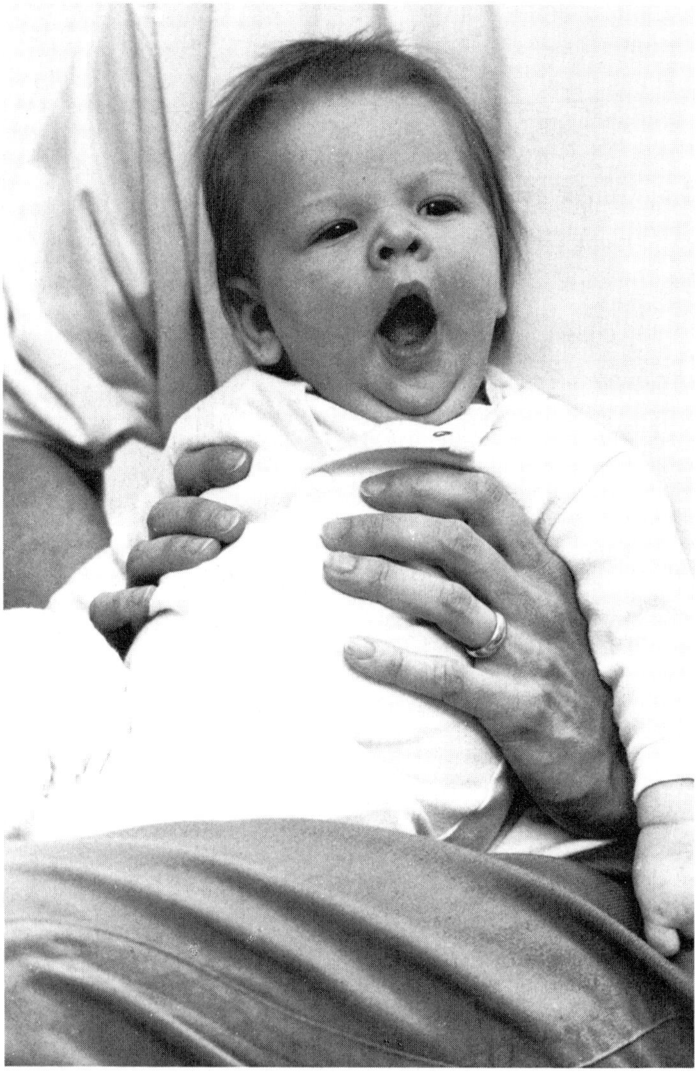

Die meisten Eltern nehmen an, ein Gähnen bedeute, ihr Neugeborenes sei müde. Doch so einfach liegen die Dinge nicht. Ein Gähnen heißt, daß ein Baby überreizt ist und eine entspanntere Situation herbeiführen möchte – was nicht unbedingt ein Schläfchen bedeuten muß. Andere Signale beinhalten ähnliche Botschaften: Schnarchgeräusche, Niesen, Schluckauf, verstärkte Sauggeräusche, Wimmern. Kathy gähnt, um sich einen Moment lang eine Pause zu verschaffen. Ihre Augen bleiben klar und auf das Geschehen konzentriert, und ihre Schultern sind entspannt. Ihr Kopf ist aufrecht.

Christopher hat das dringende Bedürfnis, den Kontakt abzubrechen. Sein Kopf ist auf die Brust gesunken, die Schultern sind hochgezogen. Die zusammengekniffenen Augen und die heruntergezogenen Augenbrauen sind starke Signale, daß ihm alles zuviel geworden ist. Er läßt ein lautstarkes Gähnen hören.

Der arme Christopher fühlt sich zunehmend unwohl, als er aufrecht gehalten wird. Erst ist er überrascht über die neue Sicht der Welt, sein Unterkiefer klappt herunter und die Augenbrauen wandern nach oben. Wenn er älter ist und eine unangenehme Situation beenden möchte, wird er vielleicht wie ein Polizist die Hand zum Stoppzeichen ausstrecken; jetzt drücken seine gespreizten Finger dasselbe aus.

Dann wendet er sich von seinem Vater ab, ein starkes Signal des Rückzugs. Weitere Hinweise sind die geballten Fäustchen, die leicht vom Oberkörper abgewinkelten Arme, die angespannte Kopfhaltung und angestrengten Nackenmuskeln. Seine Angst zeigt sich daran, daß das Weiße des Augapfels oberhalb der Iris hervortritt.

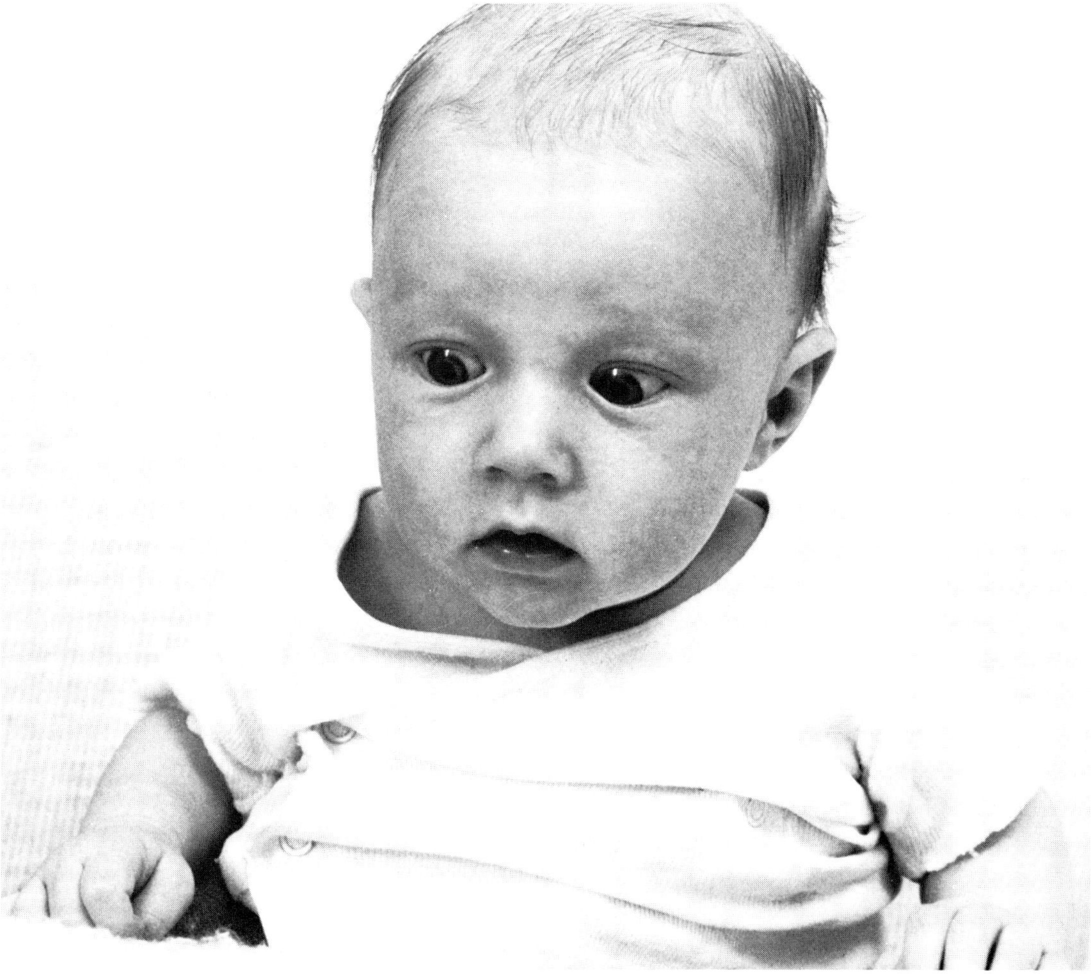

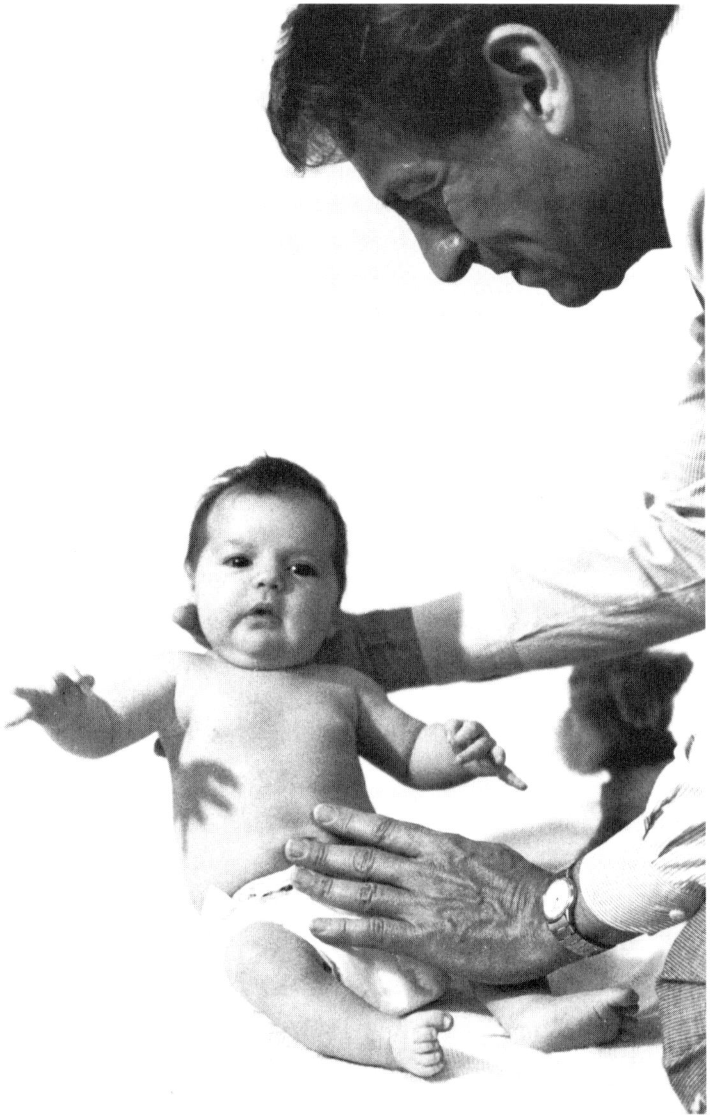

Im ersten Monat löst die Angst vor einem Sturz den dramatischen Mororeflex aus. Das Baby streckt ruckartig seine Arme und Beine von sich, die Finger und Zehen spreizen sich weit. Anna überstreckt sogar ihren kleinen Finger. Oft wölbt sich auch der Rükken nach hinten. Der Mororeflex ist ein Zeichen, daß mehr Ruhe und Behutsamkeit gefordert sind. Eine plötzliche Veränderung der Haltung, Temperaturschwankungen oder laute Geräusche können diese Schreckreaktion auslösen.

»Stop!«

Laura mag weder das Spielzeug noch das Gesicht, das sich ihr nähert. Zunge und Hand signalisieren »Stop!« Ihr Gesicht verrät ihren Schreck, der Kopf ist fluchtartig nach hinten geneigt.

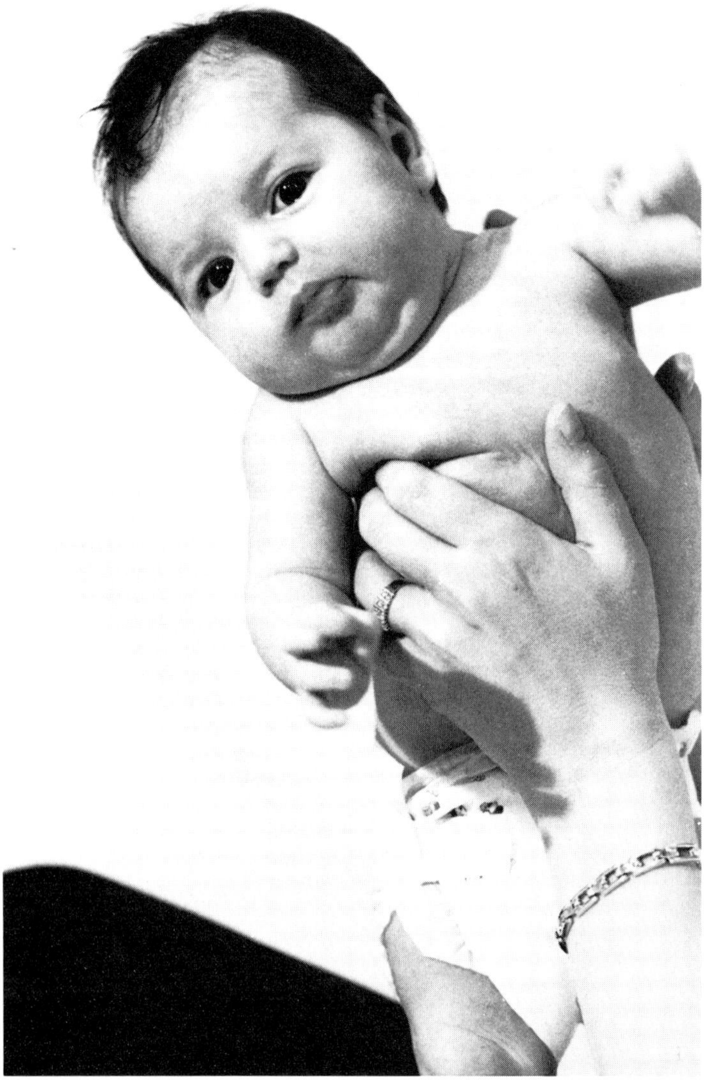

Daß Laura der Situation ausweichen will, zeigt sie durch ihren gekrümmten Rücken. Hier ist sie nur leicht beunruhigt und beugt sich zur Seite, um die Distanz zu ihrer Mutter zu vergrößern. Doch sie erhält den Blickkontakt aufrecht; sie bemüht sich sogar, ihren Kopf aufrecht zu halten, damit sie ihre Augen weiter auf die Mutter richten kann. Die Lippen liegen nicht parallel aufeinander, weil sie die Zähne zusammenbeißt.

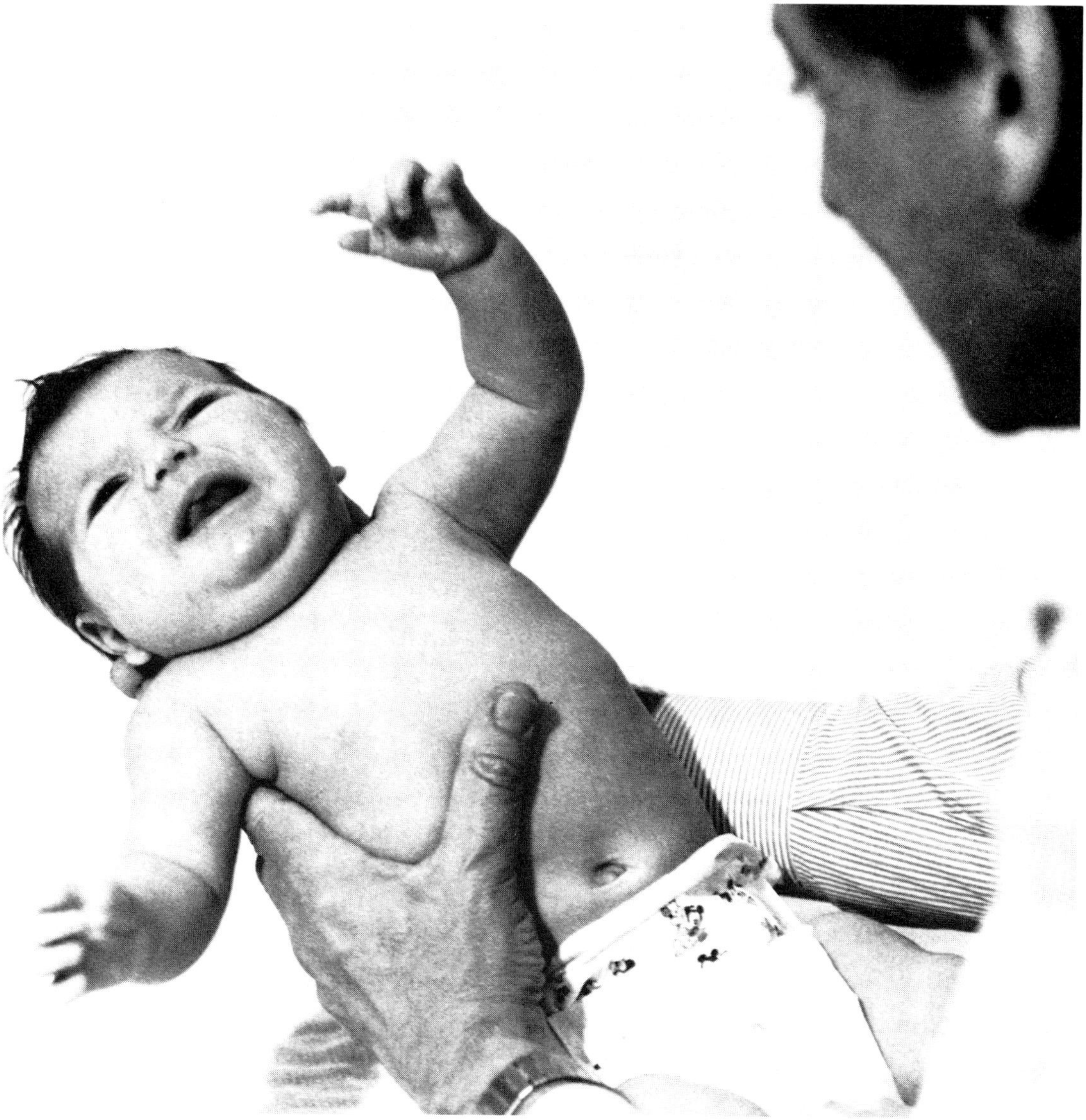

Als sie sich mir wirklich entziehen will, wirft sie den Kopf zurück und schaut von mir weg in die Luft. Die Lider verengen und schließen sich. Auch schleudert sie die Arme über den Kopf. Das sind eindeutige Forderungen nach einer »Sendepause«.

»Laß das!«

Ein weiteres Stoppzeichen ist ein »angeekelter« Gesichtsausdruck. Schlüssel zu dem Ganzen ist der gekräuselte Mund mit der hochgewölbten Oberlippe. Laura rümpft die Nase, als hätte sie etwas Unangenehmes gerochen. Die gerunzelten Brauen verkünden ebenfalls Rückzug. Die Augen bleiben auf den Gegenstand ihres Unwillens fixiert, wobei sich jedoch Kopf und Schultern trostsuchend der Mutter zuwenden.

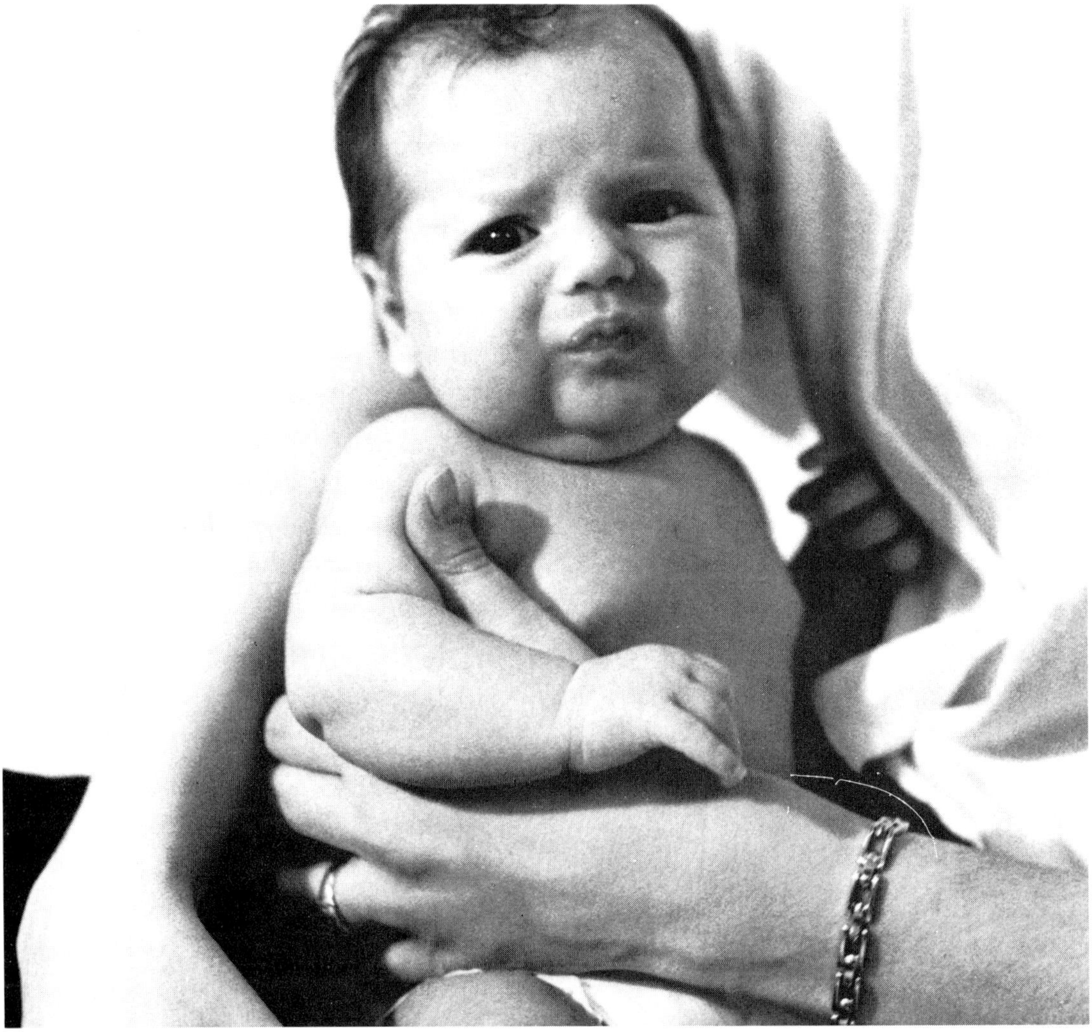

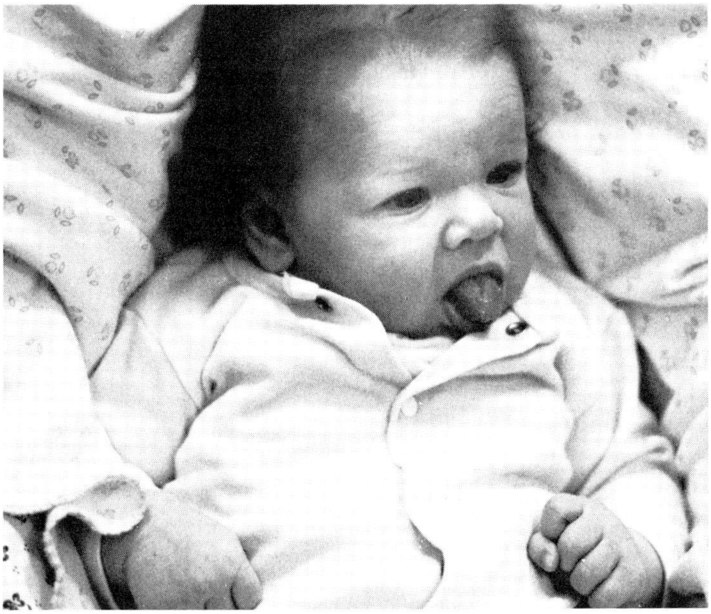

»Hör auf«, möchte Kathy sagen. Ihre Augen bleiben auf die Mutter gerichtet, doch sendet sie starke Signale aus, daß sie eine Veränderung der Situation wünscht: Sie streckt die Zunge ziemlich weit heraus, ballt die Hände zur Faust, runzelt die Stirn und dreht den Kopf weg.

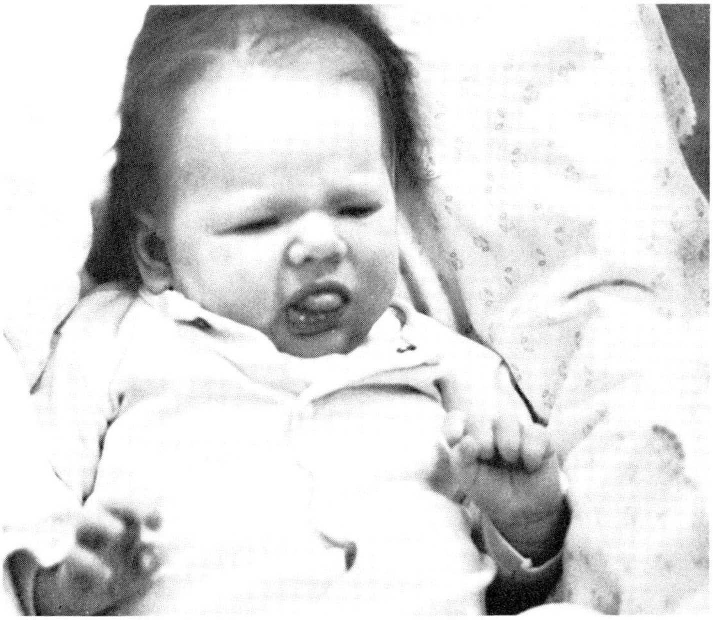

Als das nicht wirkt, kneift sie die Augen zusammen, knickt die Hände in den Handgelenken ab und wölbt den Rücken zurück. Ihre Zunge spricht Bände, bevor Kathy sie überhaupt zum Sprechen einsetzen kann.

Weinen signalisiert eindeutig, daß Ihr Baby unglücklich ist. Die gequälten Schreie, mit denen es seine Umwelt auszuschalten versucht, sind rhythmisch wie Hungergeschrei, aber heftiger. Die Nasenwurzel ist tief gefurcht, die Augenbrauen sind zusammengezogen, und auch die angespannten Backen graben tiefe Falten ins Gesicht. Je genauer Sie die unauffälligeren Signale Ihres Babys beachten lernen, desto rascher können Sie reagieren, bevor es zu dieser Extremreaktion kommt. Es ist sehr tröstlich, wenn Sie die Stimmung Ihres Babys früh genug beeinflussen können. Schreit ein Baby erst einmal, fühlen sich die Eltern viel hilfloser.

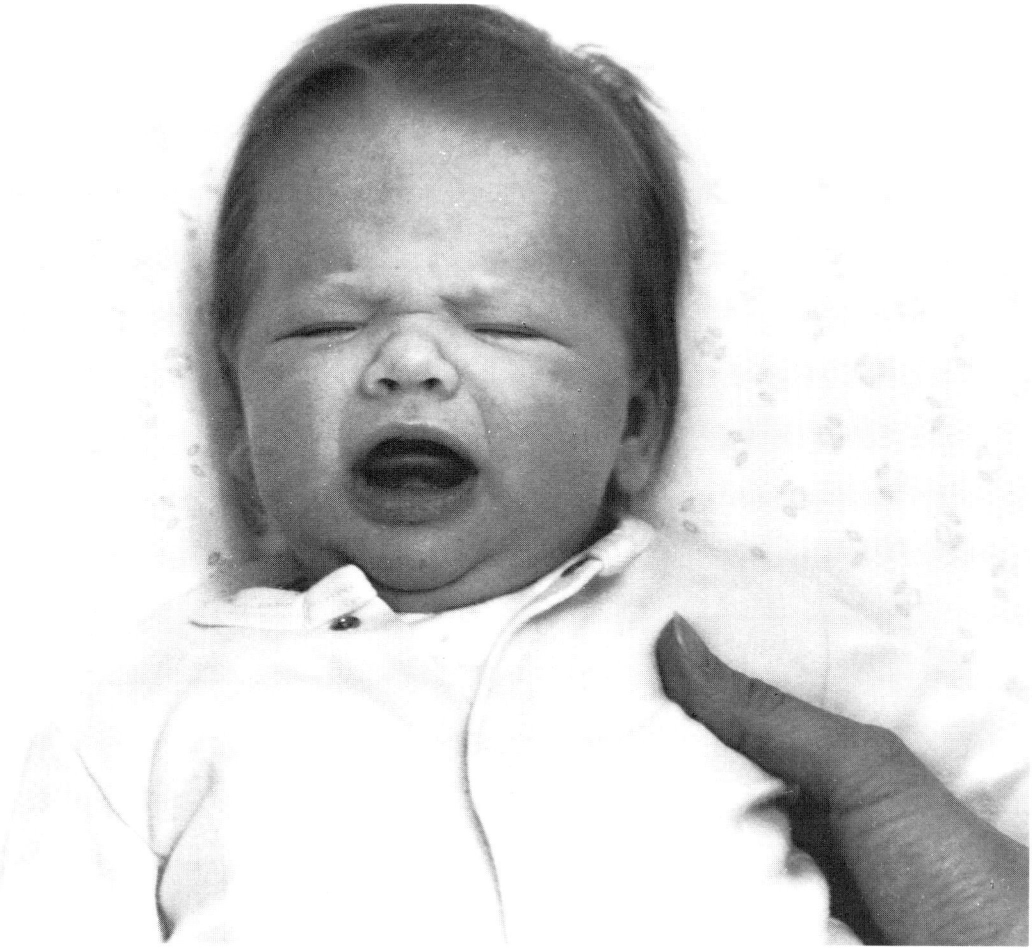

»Jetzt geht's mir wieder gut.«

Unglück kann bei Ihrem Baby rasch wieder in Glück umschlagen, vor allem, wenn Sie Einfühlungsvermögen zeigen. Laura weint, streckt die Zunge heraus, runzelt die Augenbrauen, schließt die Augen halb – alles starke Rückzugssignale.

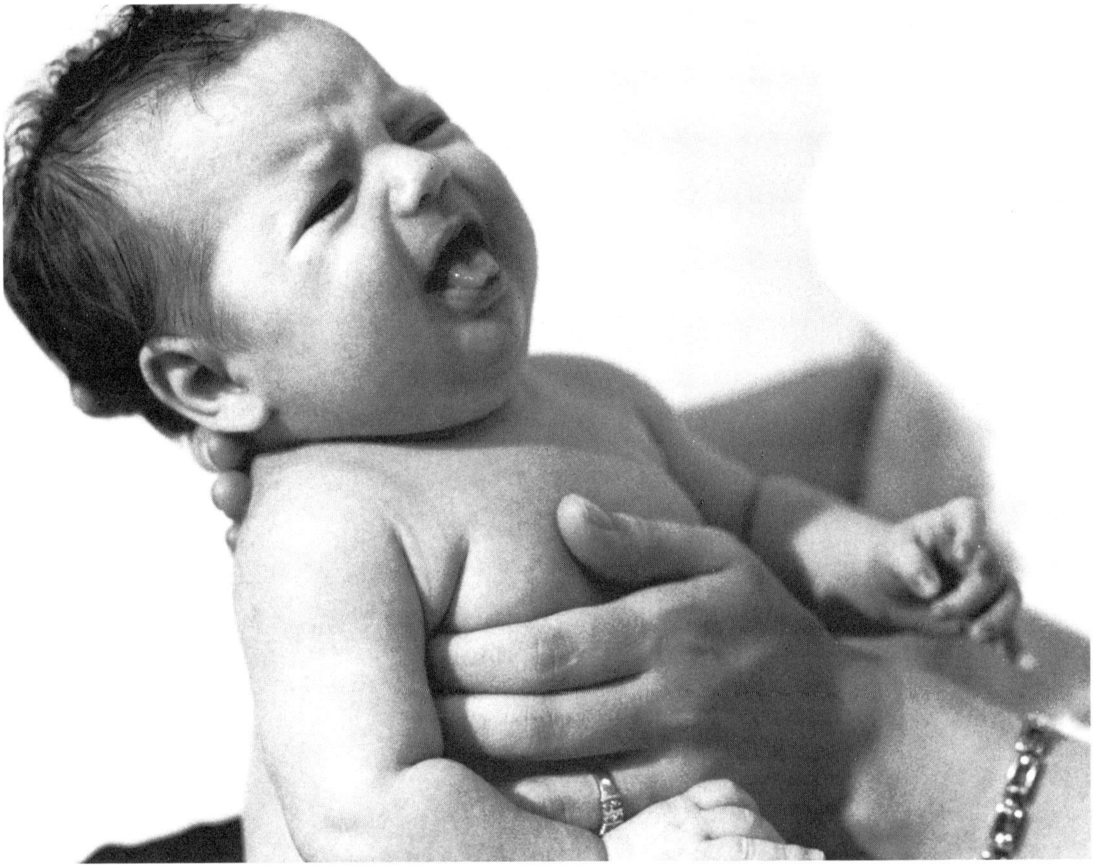

Als die Mutter Laura beruhigt und sanft mit ihr spricht, nimmt Lauras Gesicht einen wachen Ausdruck an. Sie tastet mit einer Hand nach der anderen und kann sich damit selbst trösten. Die Lippen entspannen sich, und die Augen konzentrieren sich auf das Gesicht der Mutter. Das hilft ihr offensichtlich dabei, ihre Fassung wiederzuerlangen.

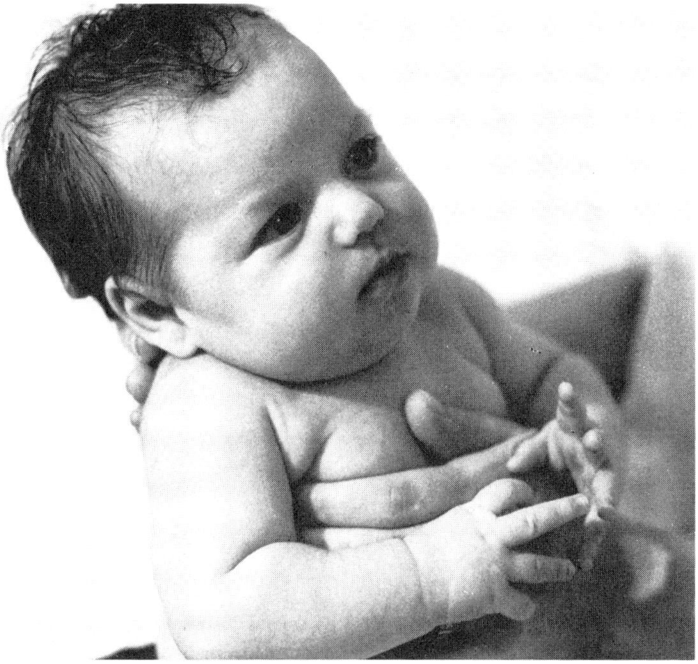

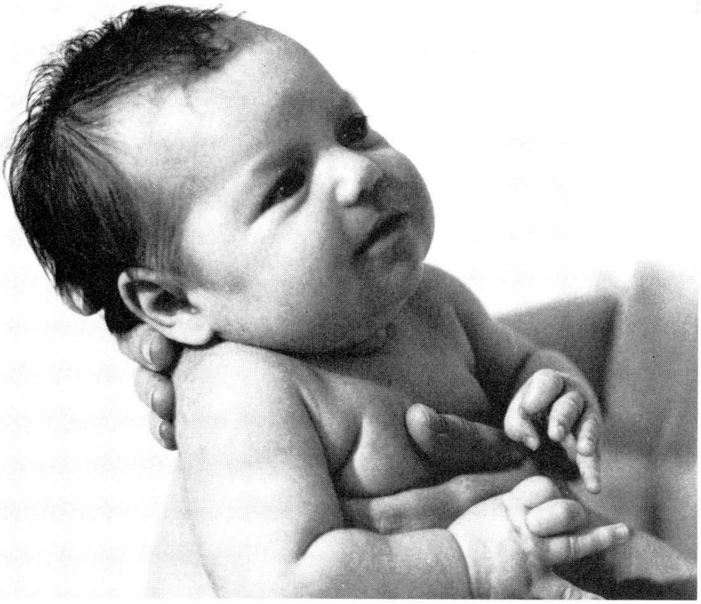

Jetzt fühlt sie sich sehr wohl. Ihre Augen strahlen, die Stirn ist entspannt, die Hände sind aufnahmebereit. Sie ist ruhig, wach und zu einem Schwätzchen aufgelegt. Ein guter Moment, um ein Grimassenspiel anzufangen oder ein Lied zu singen. Können Sie rasch auf das Weinen Ihres Babys reagieren, wird es weniger weinen und seiner Umwelt öfter ruhige Aufmerksamkeit entgegenbringen.

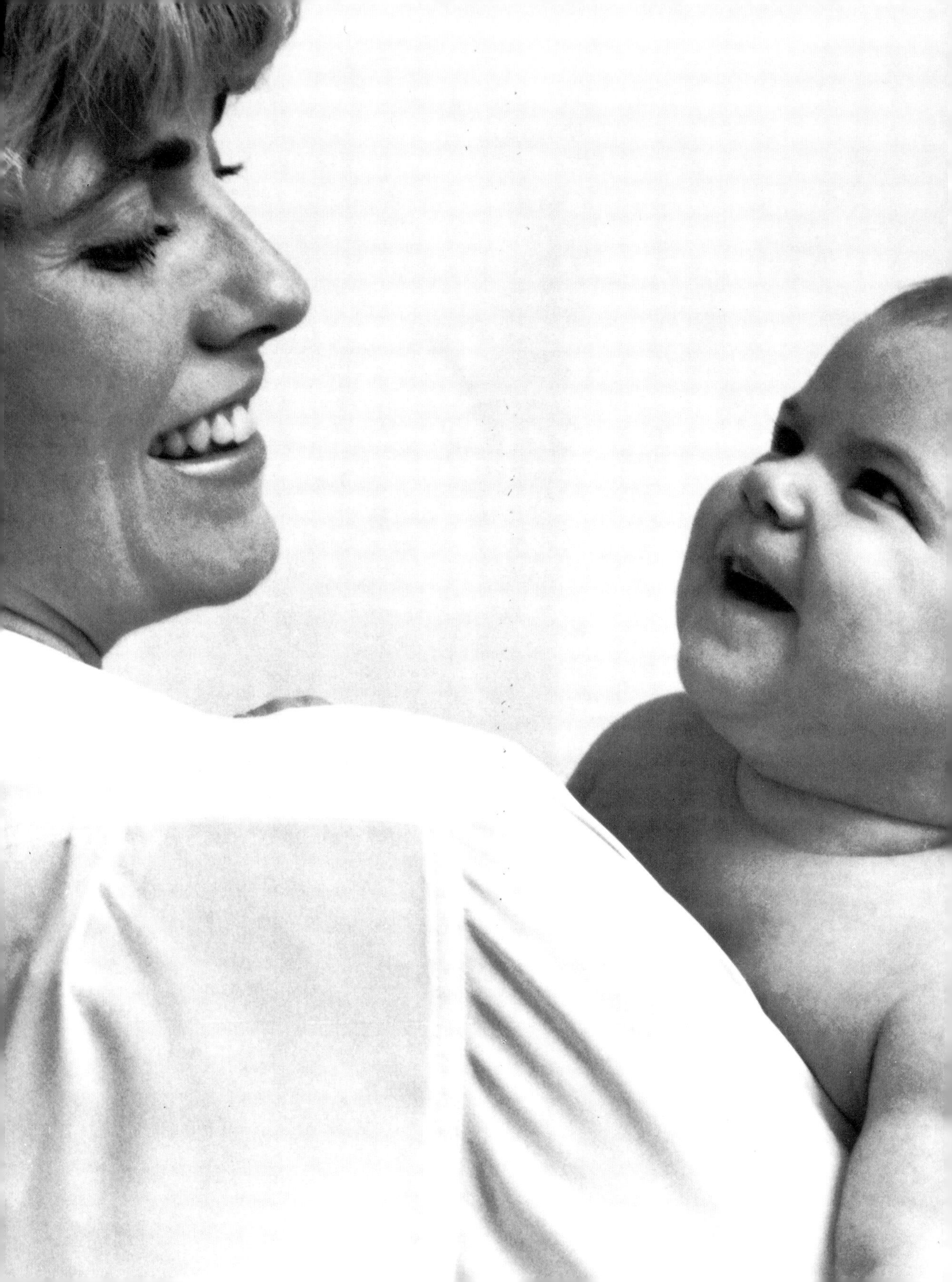

Vier bis sechs Monate

Wenn es auf die Mitte des ersten Lebensjahres zugeht, erweitert Ihr Baby seine Möglichkeiten, auf seine Erfahrungen zu reagieren. Es ärgert, ängstigt und freut sich, ist überrascht und traurig. Seine Aufmerksamkeitsspanne reicht jetzt länger; anstatt sich bei Überreizung völlig abzuschotten, hat es gelernt, sich einen kurzen Moment zu distanzieren, zum Beispiel durch leichtes Stirnrunzeln. Früher hatte es nur zwei Möglichkeiten, um eine beunruhigende Situation zu bewältigen: Ignorieren oder Weinen. Jetzt kann es eine Sache einfach untersuchen, bis sie ihm klar geworden ist. Es hat auch gelernt, sich selbst zu trösten, wenn es mit Spielsachen oder seinen Händen und Füßen spielt und sie allesamt in den Mund steckt.

Mit vier Monaten setzt ein Baby seine Signale bereits systematisch ein, so daß Sie sich gegenseitig die Bälle zuspielen können. Lassen Sie Ihr Baby wissen, wann es an der Reihe ist. Wenn Sie Kopf und Hände bewegen, die Stimme senken, schweigen oder Ihren Oberkörper von ihm zurückziehen, können Sie Ihr Baby dazu bringen, zu lächeln, sich selbst zu äußern oder auf andere Weise in die Gesprächspause einzusteigen. Jetzt können Gegenstände und Spielsachen helfen, eine Beziehung herzustellen. »Was schaust du dir denn an?« »Steck doch lieber das da in den Mund.« »Da hast du dein Fläschchen.«

Um die Aufmerksamkeit Ihres Babys länger zu fesseln, können Sie Ihre Mimik leicht übertreiben oder ihm einen Gegenstand auf immer neue Weise präsentieren. An solchen Spielchen kann es liegen, daß Ihr Baby möglicherweise eine Vorliebe für bestimmte Erwachsene, Geschwister oder Dinge entwickeln wird. Das äußert sich in einem anhaltenden Ausdruck des Interesses und ruhiger Aufmerksamkeit, die es den bevorzugten Personen und Gegenständen entgegenbringt.

Ihr Baby kann jetzt auch selbst ein Spielchen in Gang bringen. Das Lächeln eines vier Monate alten Babys bringt den zerstreutesten Erwachsenen zum Dahinschmelzen. An Guckguck-Spielen haben Geschwister wie Fremde ihren Spaß. Anfangs genügt bloßes Blinzeln, dann versteckt sich das Baby hinter einem Tuch, das gleich wieder weggezogen wird.

Nach ungefähr vier Monaten können Babys die Geräusche und Grimassen wiedergeben, die von vertrauten Personen kommen. Sie erinnern sich auch an bestimmte Verhaltensweisen und ahmen sie später nach. Versuchen Sie einmal, die Zunge herauszustrecken oder Ihren Kopf von einer Seite zur anderen zu wiegen.

Allmählich nehmen die Signale Ihres Babys eine umfassendere Bedeutung an. Zwischen drei und vier Monaten kann ein Lächeln nicht nur Zufriedenheit mitteilen, sondern auch den Wunsch nach Fortsetzung einer angenehmen Situation. Es kann auch die Lösung nach einer Anspannung verkünden, wenn eine beunruhigende Situation geklärt ist. Ähnlich können Grimassen und Stirnrunzeln nicht nur Abwehr signalisieren, sondern auch den Wunsch nach Veränderung.

Nach drei bis vier Monaten reagieren Babys möglicherweise gereizt oder traurig, wenn es ihnen nicht gelingt, etwas in Gang zu setzen. Beobachten Sie einmal, wie unglücklich Ihr fünf Monate altes Baby aussieht, wenn Sie 20 bis 30 Sekunden lang ein unbewegtes Gesicht machen, während es versucht, Sie zu einer Reaktion zu reizen.

In diesen Monaten nimmt das Schreien dramatisch ab, das Lächeln dagegen zu. Grund dafür ist Ihre rasche und folgerichtige Reaktion auf das Schreien Ihres Babys und Ihr Vergnügen, wenn Sie sich gegenseitig anlächeln. Doch manche Babys schalten eine Zwischenstufe ein und ersetzen das Schreien durch eine Art Gewimmer. Sie versuchen, ihr Unbehagen auf weniger extreme Weise kundzutun. Seien Sie dankbar dafür – es ist immerhin kommunikativer als Geschrei.

Zwar bleiben Sie weiter der wichtigste Faktor in der emotionalen Entwicklung Ihres Babys, doch im Alter von sechs Monaten wird es weniger häufig nach Ihrem Blick suchen. Sein Interesse verlagert sich auf Spielsachen, Gegenstände und den Rest der Welt. Wenn Sie seine Aufmerksamkeit auf sich ziehen wollen, muß Ihr Gesicht ausdrucksvoll und positiv sein, und das, was Sie tun, muß im Zusammenhang mit seinen immer weiter ausgreifenden Entdeckungen stehen.

Nach vier Monaten wird es auch schwieriger, zu erkennen, was genau das Stirnrunzeln oder Lächeln Ihres Babys ausgelöst hat. Beziehen Sie ein größeres Umfeld ein; dann wird es Ihnen leichter fallen, die Signale richtig zu deuten.

»So ein schöner Ball.«

Wie jüngere Babys zeigen auch vier bis sechs Monate alte Babys die größte Aufnahmebereitschaft, wenn sie ruhig und aufmerksam wach sind. Zwei Signale stehen hier im Mittelpunkt: erwartungsvolle Augen und straffe Gesichtsmuskeln, vor allem in den Bäckchen. Das Gesicht eines entspannten Babys ist nicht schlaff, sondern offen und interessiert. Nachdem Rita den Schaumstoffball zusammengequetscht hat, spiegelt sich ihre friedliche Vergnügtheit in ihren strahlenden Augen; Lippen und Zunge sind entspannt. Ein ruhiges, waches Baby ist offen für neue Erfahrungen.

Diese Babys zeigen verschiedene Grade der Aufnahmebereitschaft für neue Erfahrungen. Michaels Augen blicken wach, aber leicht beunruhigt. Zwar ist er in einer ruhigen, wachen Verfassung, braucht aber gerade Entspannung nach einem vorangegangenen Spielchen. Zeigt sich Ihr Baby für Neues zugänglich, warten Sie, bis es seine Augen auf etwas fixiert, bevor Sie das »Gespräch« eröffnen.

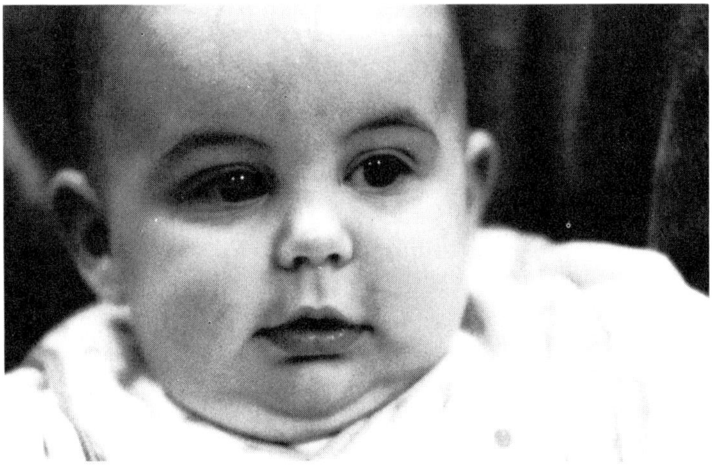

Jetzt signalisiert Michael ruhige Aufmerksamkeit. Seine Augen sind weit geöffnet, und er scheint in Erwartung der guten Dinge, die da kommen, fast den Atem anzuhalten. Er hat sich genug ausgeruht. Nun ist er innerlich ausgeglichen und für Neues bereit.

Patrick ist von dem Hund gefesselt. Er ist so eifrig damit beschäftigt, ihn zu erforschen, daß er sich vorbeugt und sowohl mit den Händen als auch mit den Füßen nach ihm greift. Seine hellwache Aufmerksamkeit zeigt sich an seinem konzentrierten Blick, den entspannten Brauen, straffen Bäckchen und seinem Lächeln.

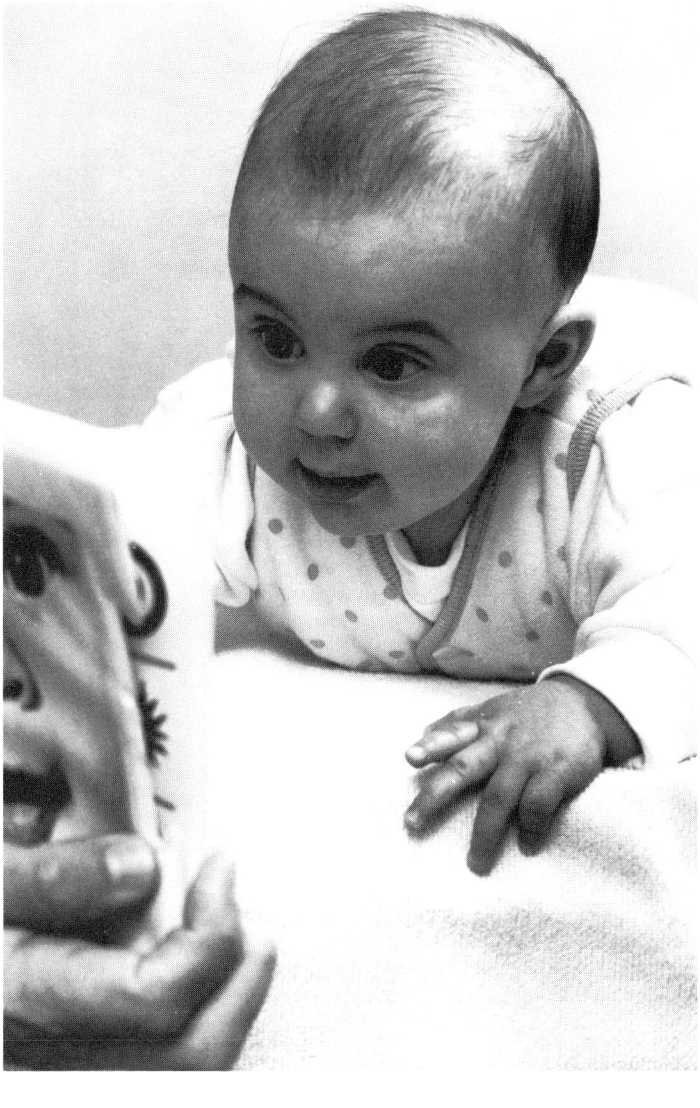

Als Michael sich im Spiegel erkennt, leuchtet sein Gesicht auf. Seine ruhige, offene Bereitschaft schlägt in Vergnügen um. Seine zunächst entspannten Lippen straffen sich und verziehen sich schließlich zu einem Lächeln. Seine Backen spannen sich, die Augen öffnen sich noch weiter. Seine Finger spreizen sich, vielleicht eine Vorstufe des Hindeutens. Die Halsmuskeln halten das Köpfchen hoch, um das erfreuliche Schauspiel besser verfolgen zu können. Je nach momentaner Vorliebe Ihres Babys sollten Sie ihm die bequemste Stellung ermöglichen, wenn es neue Erfahrungen macht. Sie können seine Lernerfahrungen erweitern, wenn Sie es mal auf den Bauch, mal auf den Rücken oder auf die Seite legen.

»Ich weiß, daß du mich anschaust.«

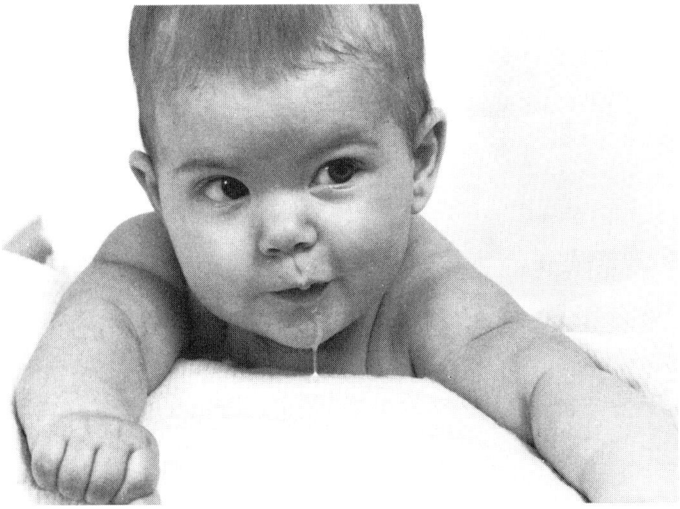

Jenny aalt sich in der Aufmerksamkeit ihrer Mutter, und sie zeigt das auf eine verspielte, bezaubernde Weise. Erst kräuselt sie die Oberlippe und verdreht den Kopf entgegengesetzt zur Blickrichtung. Dann spannt sie die Oberlippe und setzt zu einem spitzbübischen, schrägen Lächeln an.

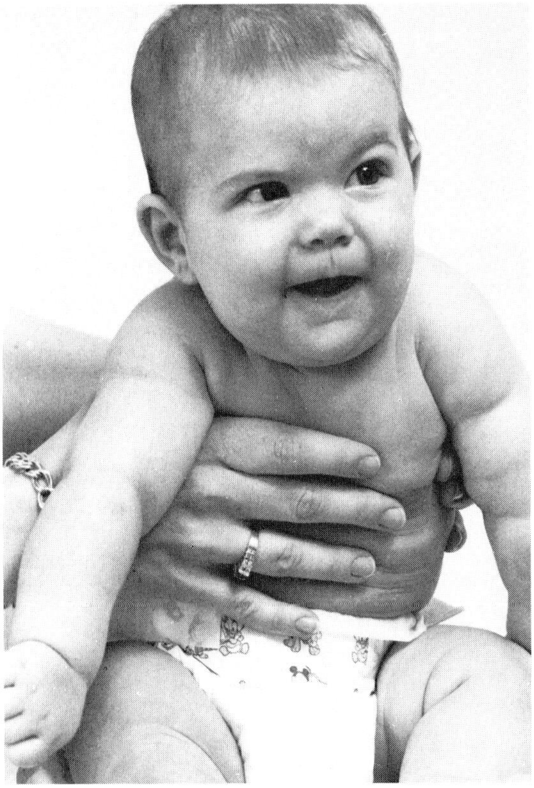

Mit diesem Clownsgesicht will sie die Aufmerksamkeit der Mutter fesseln. Sie möchte, daß ihre Mutter den Blick dorthin richtet, wohin sie selbst schaut. Die Augenbrauen sind leicht zusammengezogen.

»Wie aufregend!«

Erst begegnet Lena dem Hund mit einiger Vorsicht. Sie streckt zögernd die Finger aus, um ihn zu erforschen. Ihr Gesicht zeigt Offenheit, doch die Halsmuskeln sind angespannt, der hochgehaltene Kopf signalisiert Wachsamkeit.

Was sie da spürt, findet sie überraschend, ermutigend und vergnüglich. Mund und Hände sind geöffnet und aufnahmebereit für alles Neue.

Als die Mutter so tut, als bellte der Hund, wird Lena ganz aufgeregt und sperrt den Mund noch weiter zu einem breiten Lächeln auf. Die Hand ist jetzt geschlossen – in ihrer Vorstellung greift sie nach dem Spielzeug. Für Lena ist diese Ereignisfolge sehr wichtig, da sie erst unsicher war und dann positiv reagieren konnte. Solange ihr Interesse anhält, sollte das Spielchen so oft wie möglich wiederholt werden.

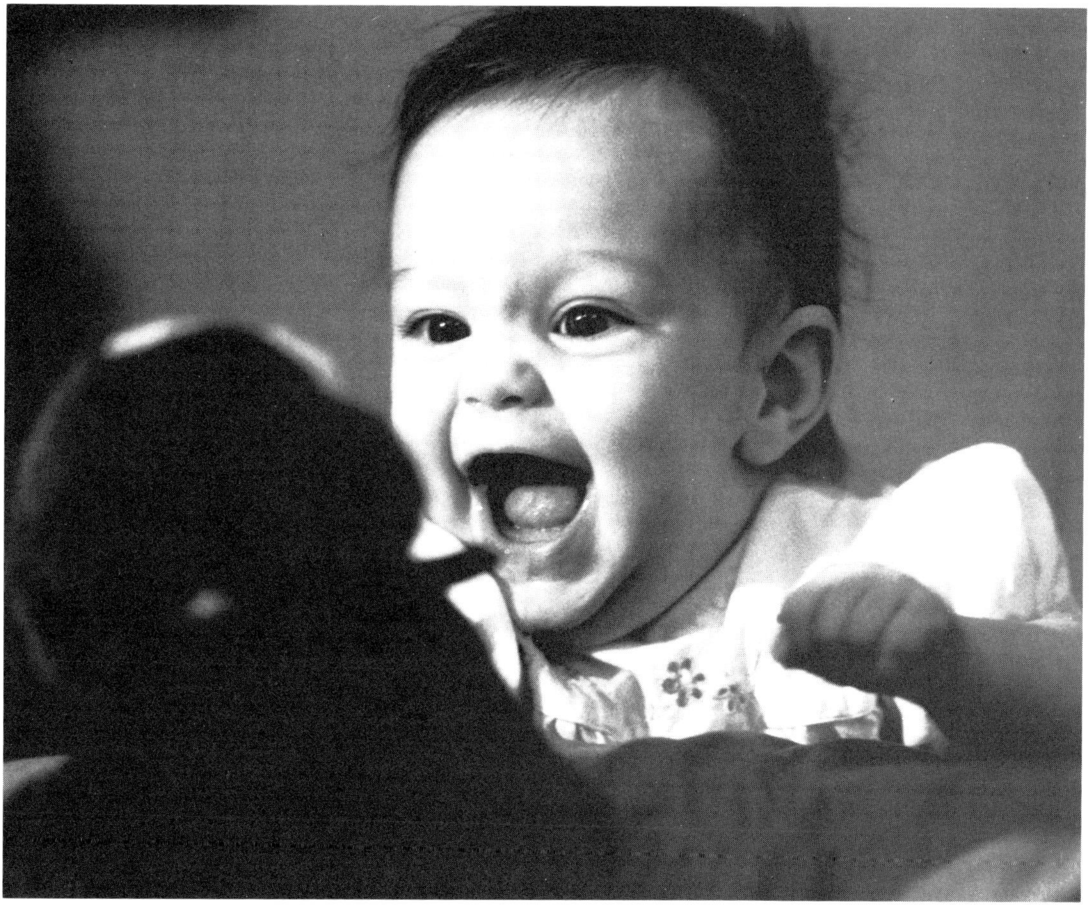

»Ich bin angespannt.«

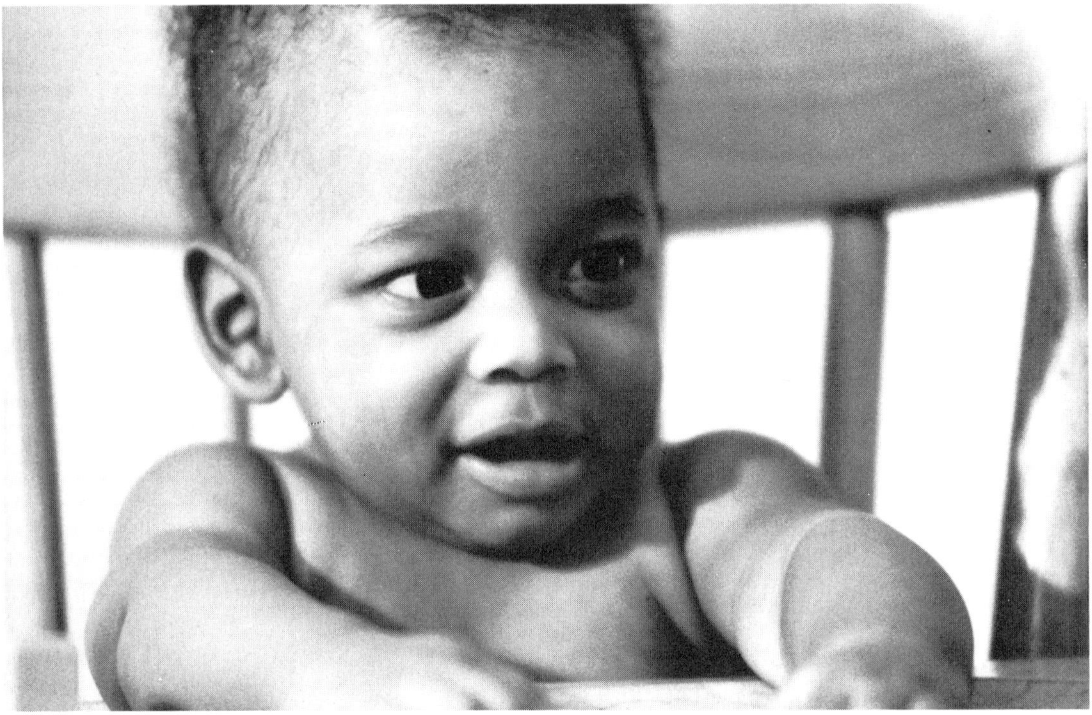

Patrick ist weniger ruhig und wach als angespannt und auf der Hut. Diese Spannung kann entweder in einem vollständigen Rückzug oder in Lockerung und Vergnügen enden. Im Zustand angespannter Wachsamkeit sind die Augen konzentriert, blicken aber starr. Die Gesichtsmuskeln wie auch die Oberlippe stehen unter Spannung. Patrick neigt den Kopf zurück, zieht aber gleichzeitig neugierig die Augenbrauen hoch.

Patrick hat den Entschluß gefaßt, seine Spannungen in Begeisterung aufzulösen. Er zeigt ein entzücktes Lächeln. Kopf und Arme wandern nach vorn. Doch seine hochgezogenen Augenbrauen und Schultern signalisieren immer noch Angespanntheit. Er bringt die Hände zusammen und zeigt dadurch seine Bereitschaft, nach dem aufregenden Spielzeug zu greifen und es festzuhalten.

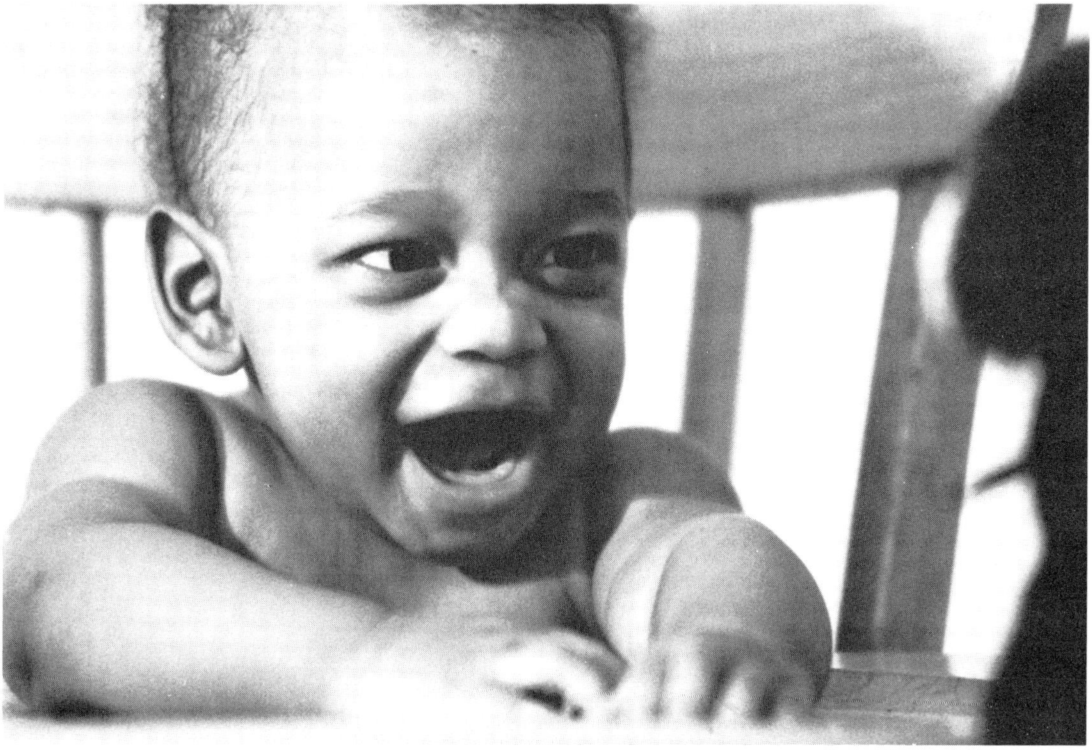

»Wenn du das Bild magst, mag ich's auch.«

Zuerst ist Sarah an dem Bild nicht interessiert. Ihre Bäckchen hängen nach unten, die Augen sind halb geschlossen. Als sie aber aufschaut und sieht, daß ihrer Mutter das Bild gefällt, flammt Interesse auf. Auf dem letzten Foto ist sie vergnügt, obwohl ihr Mund seinen Ausdruck nicht verändert hat. Die Signale sind schwächer – leuchtende Augen, straffere Bäckchen, ein hochgerecktes Kinn. Sarahs Eltern können ihr helfen, deutlichere Signale zu benutzen, die andere leichter verstehen können. Bald können sie anfangen, spielerisch Gesichter zu schneiden und den Mund übertrieben zu verziehen – das ist nicht nur hilfreich, sondern macht auch Spaß.

Erst ist Philip mißtrauisch, fühlt sich aber zunehmend wohler, je länger er die Handpuppe erforscht. Dann schließt er die Augen, um das Erlebnis still zu genießen – er wirkt, als ob er es gerade tief in sein Gedächtnis einprägen würde. Er möchte sich daran erinnern, wie angenehm weich der Pelz der Puppe war. Wenn seine Eltern gut auf den letzten Gesichtsausdruck achten, werden sie ihn als Aufforderung begreifen, Philip in Ruhe zu lassen, bis sich seine Stimmung ändert und er neues Interesse zeigt.

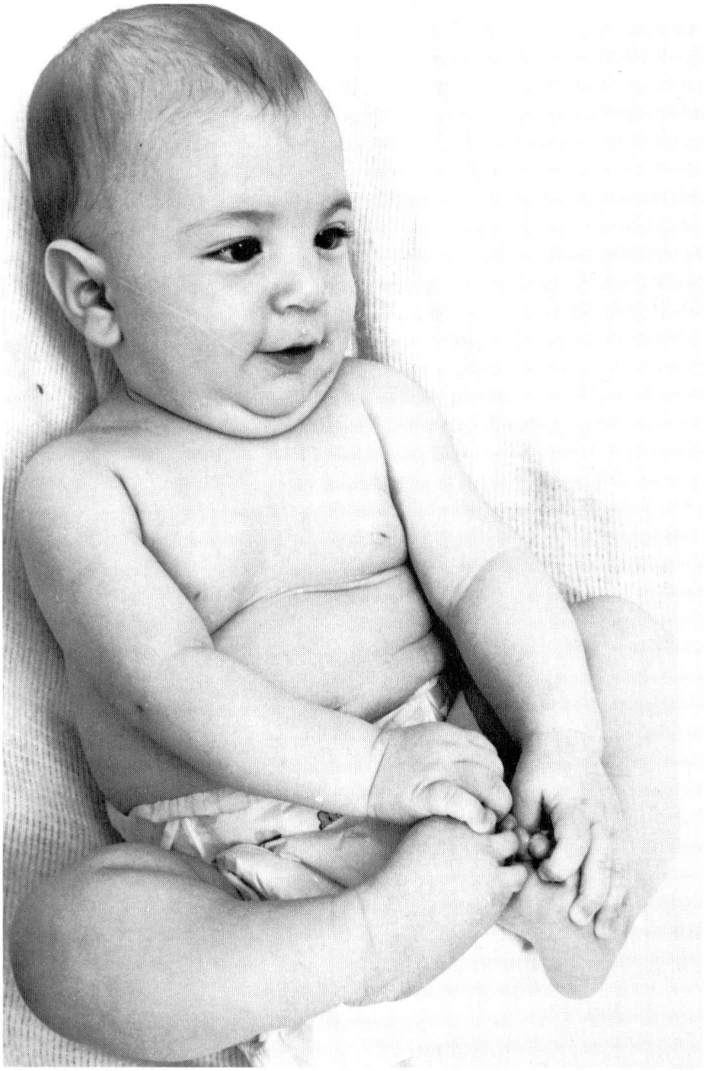

Johannes ist ruhig und wach, aber ganz in sich versunken. Er ist zufrieden damit, mit seinen Füßchen zu spielen. Sein ganzer Körper ist entspannt, vor allem seine Schultern. Sein Blick scheint nach innen gerichtet. Daß er auf sich selbst konzentriert ist, zeigt sich auch daran, daß er seine Hände und Füße zusammenbringt.

Jetzt lädt Johannes mit einem scheuen Lächeln zu einem Plausch ein. Sogar seine Füße öffnen sich. Es ist nützlich, den Unterschied zwischen Öffnung nach außen und Rückzug aufs eigene Ich zu erkennen. Wenn Sie Ihrem Baby einen neuen Gegenstand oder ein Spielchen anbieten, während es offen für neue Eindrücke ist, werden Sie wahrscheinlich stärkeren Widerhall finden.

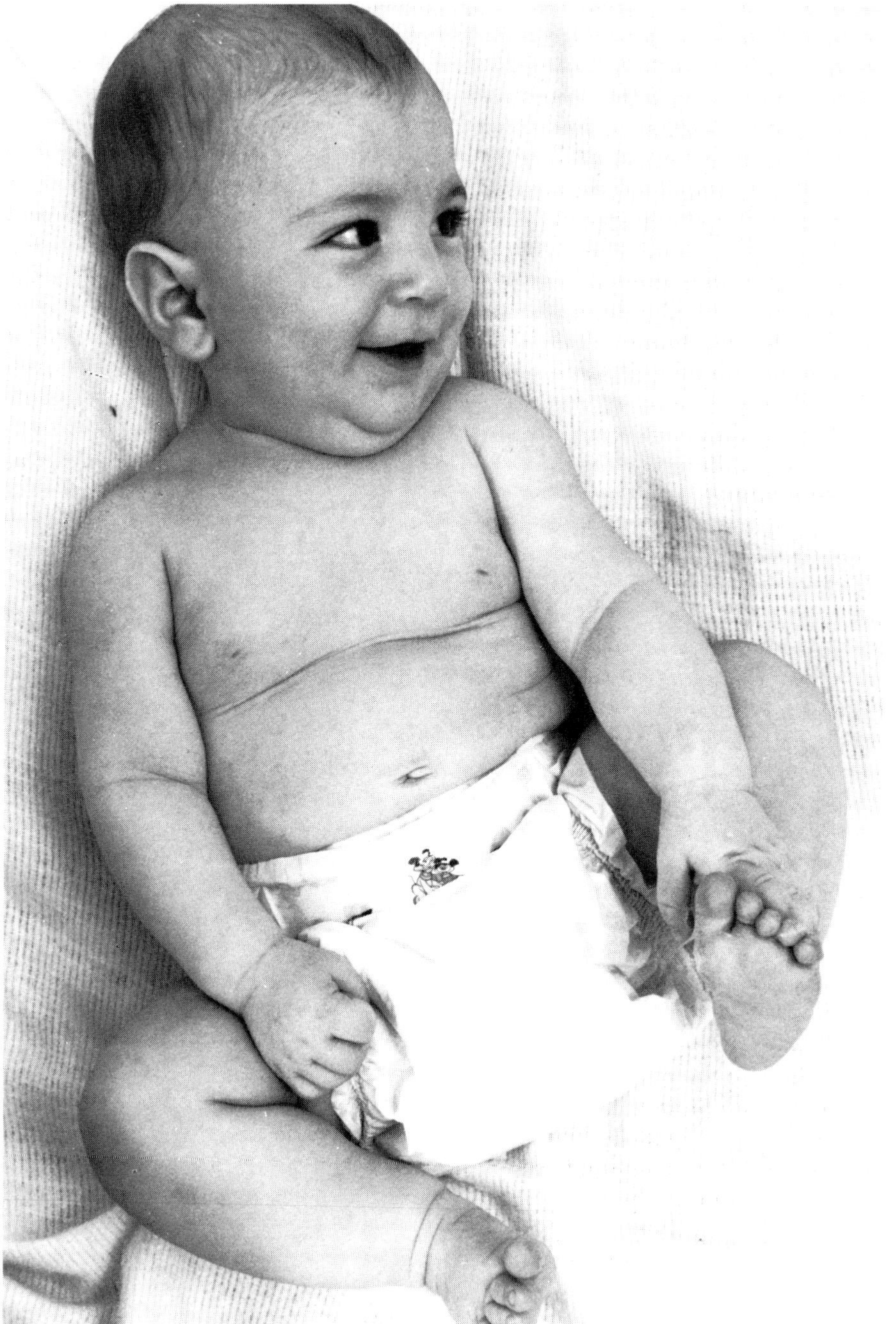

»Auch ich kann meine Zunge rausstrecken, bäh!«

Der fünf Monate alte Johannes liebt es, seine Eltern nachzumachen. Hier streckt er spielerisch die Zunge heraus, wie es seine Mutter gerade gemacht hat. Seine leuchtenden Augen und sein Lächeln zeigen, wie sehr er den Spaß genießt. Manchmal ahmt jedoch ein Baby seine Eltern nach, ohne die Gefühle zu teilen, die hinter der Mimik stecken. Zum Beispiel kann Ihr Baby Ihr Lächeln allein mit dem Mund, aber nicht mit den Augen nachvollziehen. Genießen Sie diese Nachäff-Spielchen, die in diesen Monaten zunehmen, und beobachten Sie genau, wie sich die Nachahmungsfähigkeit erweitert und vertieft.

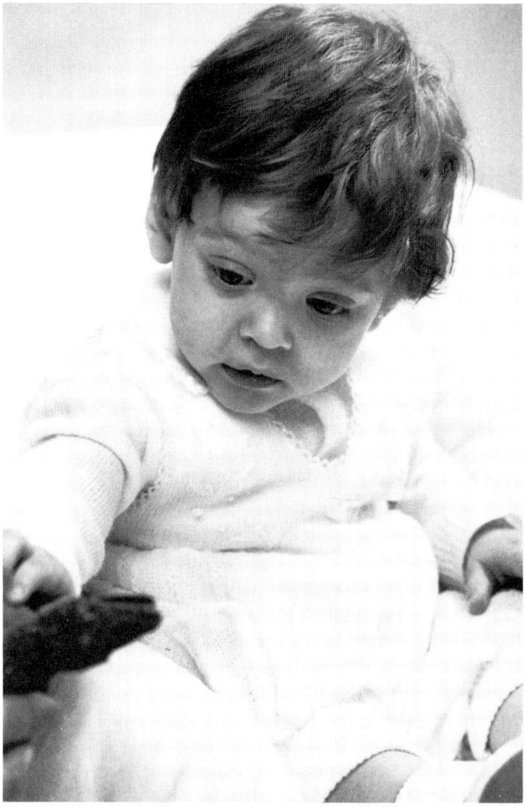

Entspannte Lippen und ein fixierter Blick sind klassische Zeichen der Neugier. Diese fünf und sechs Monate alten Babys sind nicht mehr nur an ihren unmittelbaren Bezugspersonen, sondern auch an Außenobjekten interessiert. Sie wollen, daß ihre Eltern die Spielsachen ebenfalls anschauen und sich dazu äußern. Es ist wichtig, auf die Neugier Ihres Babys einzugehen, weil Sie ihm so das Gefühl geben, seine Interessen würden von außen unterstützt. Auf Signale der Neugier zu reagieren ist meist sehr einfach – außer, die Aufmerksamkeit Ihres Babys ist auf etwas am anderen Ende des Raums gerichtet und nicht auf das, was vor seiner Nase liegt. Neugieriges Erforschen der Welt erfordert lediglich Ihr ruhiges Dabeisein. Wenn Ihr Baby auf Erkundungsreisen geht, sind Ausrufe, Fragen oder die Anrede beim Namen überflüssig.

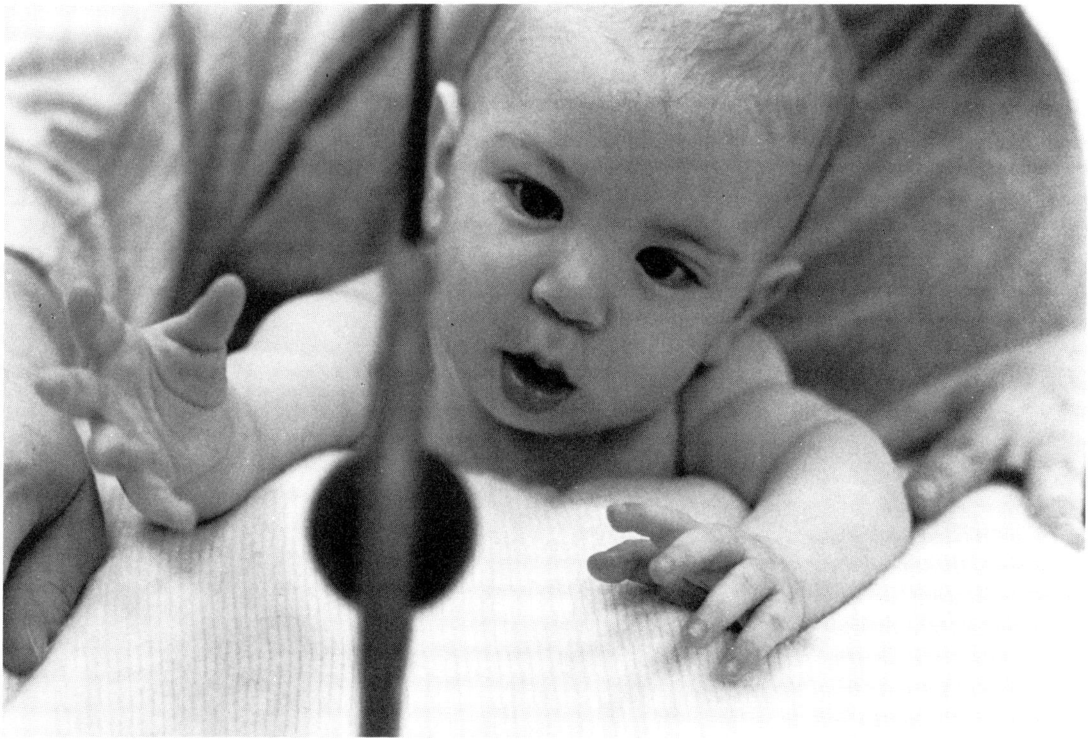

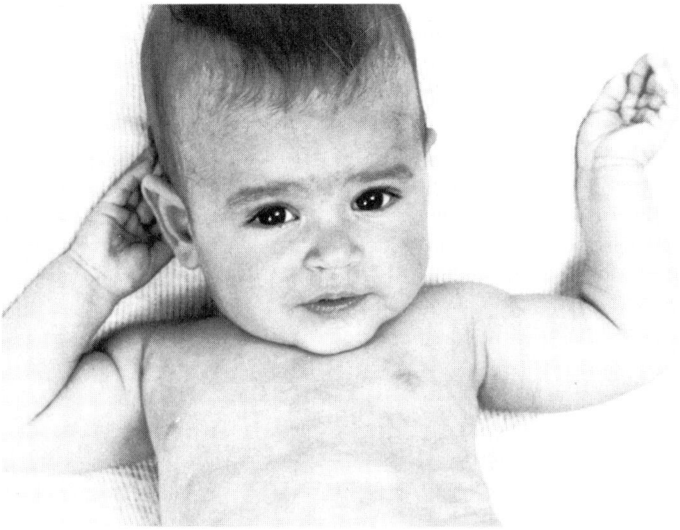

Manche Babys lassen sich von lauten Geräuschen, raschen Bewegungen und plötzlichen Erscheinungen leicht erschrecken, daher müssen ihre Eltern besonders behutsam vorgehen, wenn sie ihre Neugier wekken wollen. Die sechs Monate alte Emma, die vor kurzem adoptiert wurde, lernt gerade, ihren Eltern zu vertrauen und sich selbst zu beruhigen. Erst ist sie neugierig und starrt intensiv auf den Gegenstand. Doch die zusammengezogenen Augenbrauen und die Hand am Ohr verraten ihre Unruhe.

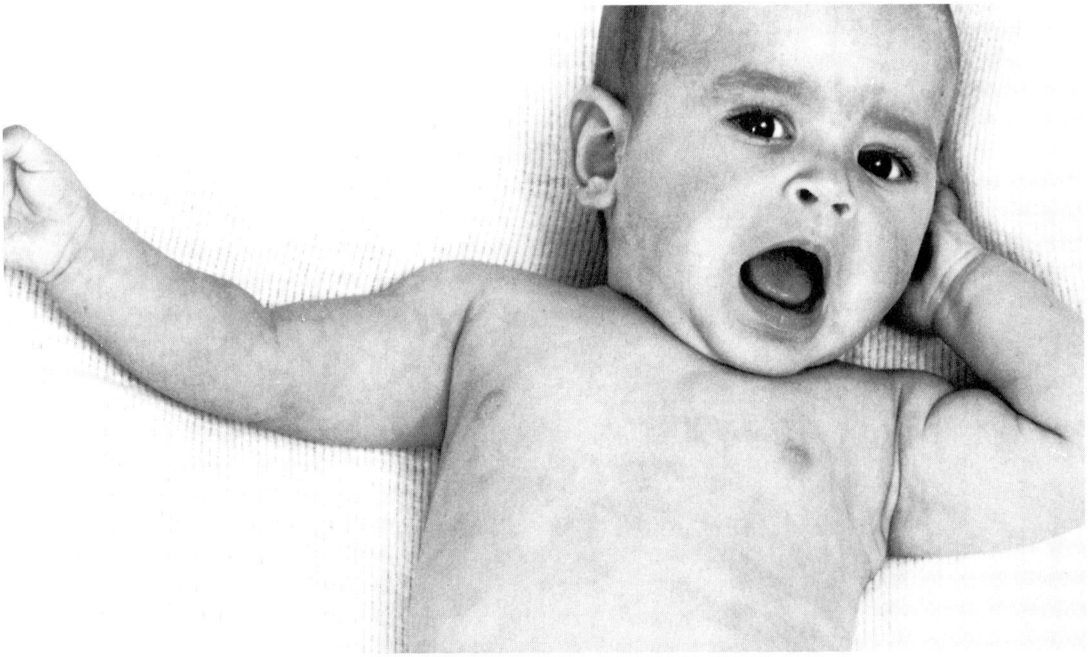

Dann erschrickt sie und bekommt Angst, läßt den Unterkiefer fallen, stößt einen Schrei aus und zieht den Kopf ein. Die Mutter wartet ruhig ab, und allmählich entspannen sich Emmas Arme, Schultern und Hände und öffnen sich, während sie sich beruhigt.

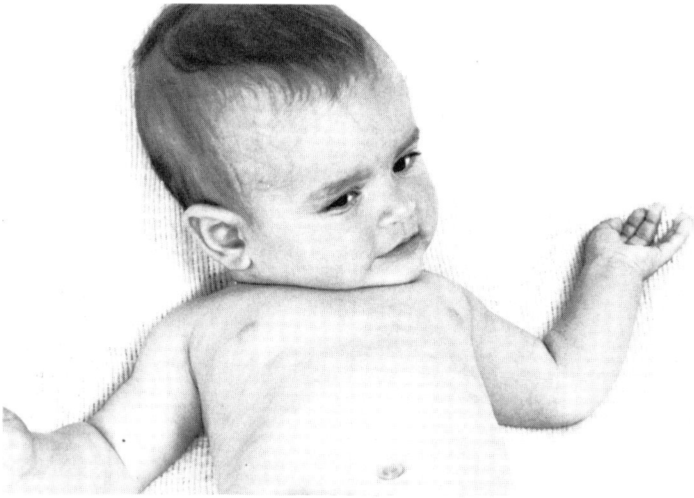

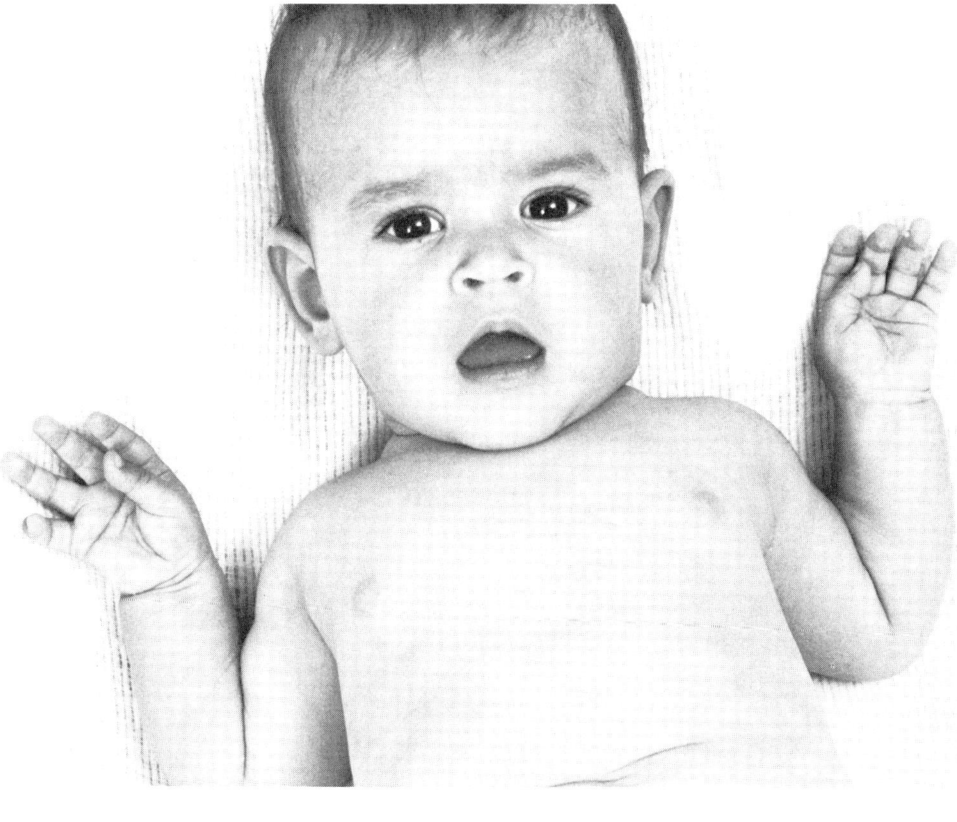

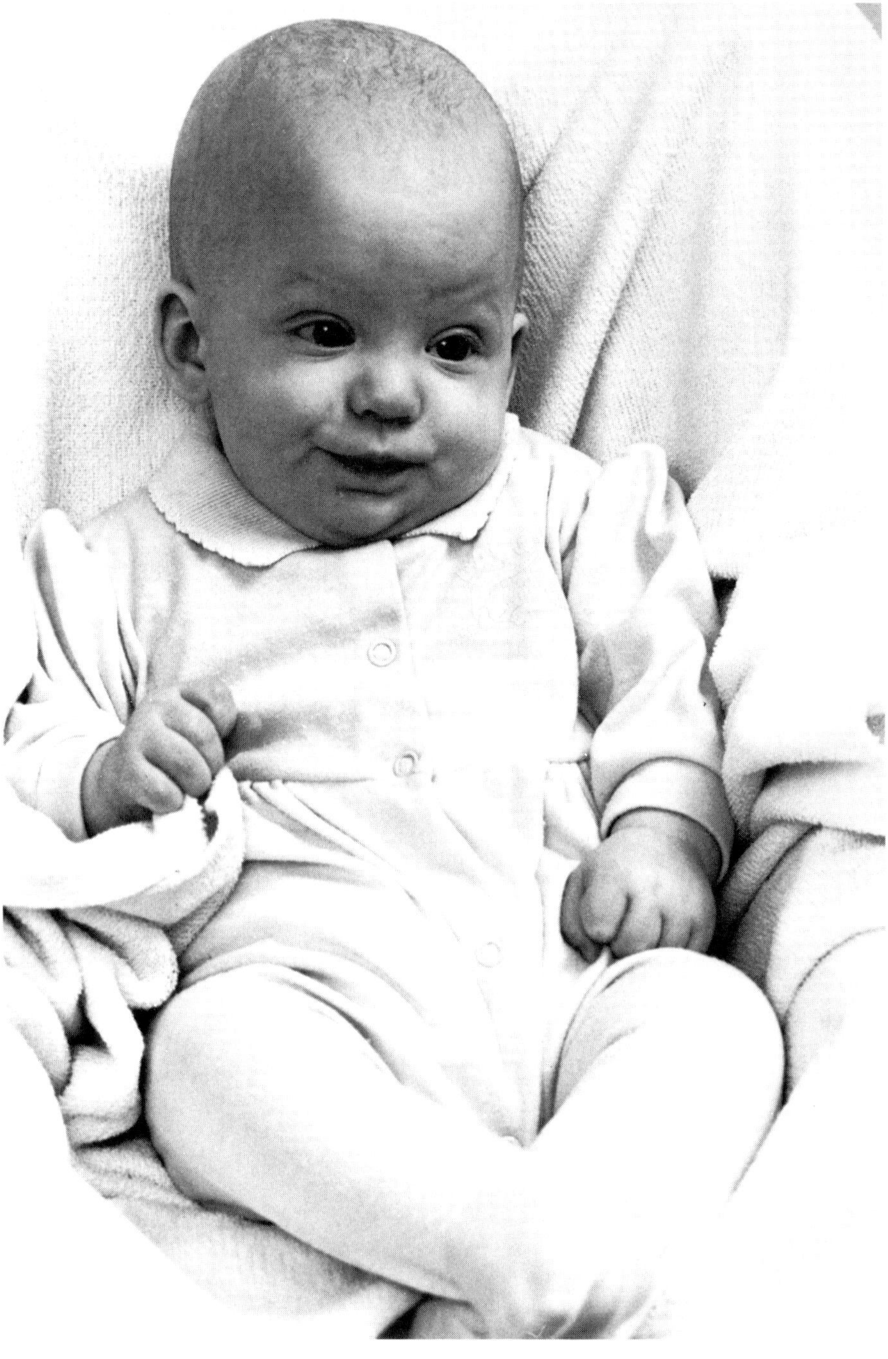

Einen Moment lang flackert flüchtiges Interesse auf dem Gesicht dieses Babys auf. Ritas geschlossene Fäustchen zeigen, daß sie an dem, was sie von ihrem Sitz aus sieht, keinen Anteil nimmt. Dann schneidet sie eine Grimasse, um sich selber zu amüsieren, woraufhin ihr Gesichtsausdruck sogar noch gelangweilter wird. Rita ist ein ausgeglichenes Baby, auf dessen unauffällige Signale die Eltern besonders achtgeben müssen.

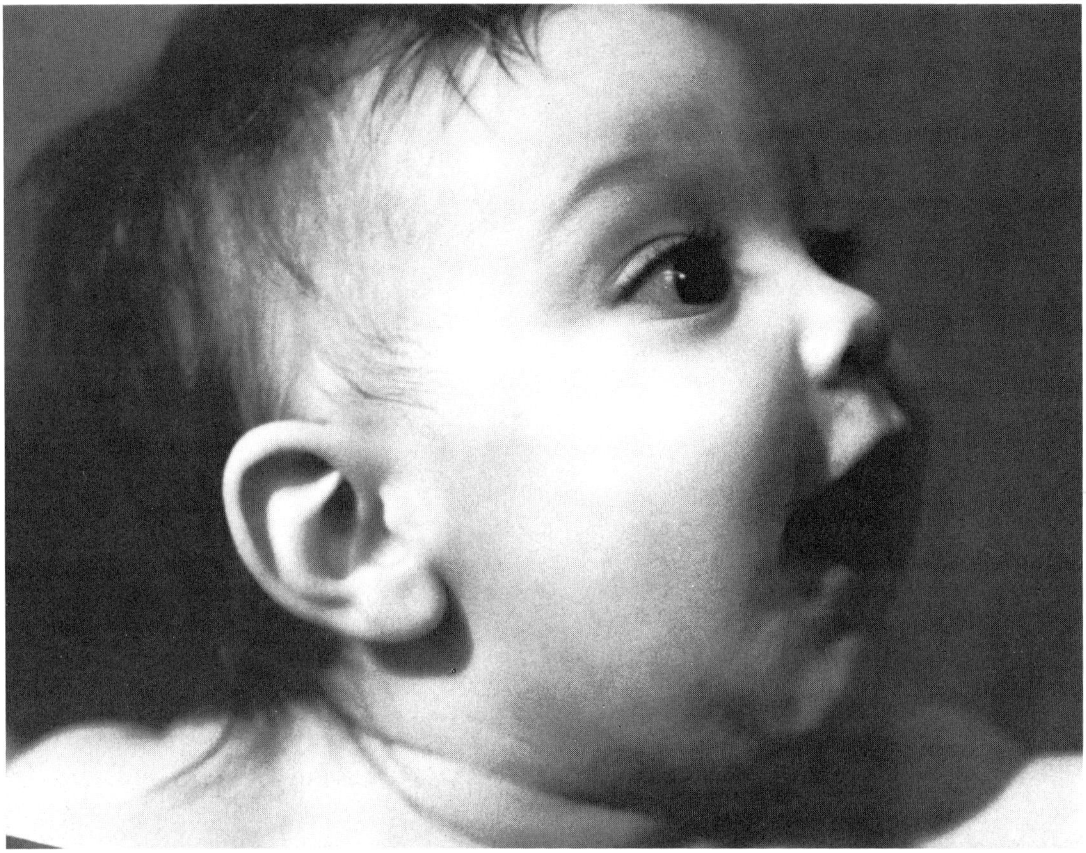

Lena ist ein sehr ausdrucksstarkes Baby, dessen Neugier hier nicht zu übersehen ist. Sie ist an dem neuen Spielzeug äußerst interessiert und erwartet, daß es ihr gefallen wird. Ihr Gesicht ist ein einziges Aufleuchten – der Kopf reckt sich vor, das Kinn ist angehoben, der Mund geöffnet, die Augen sind geweitet, die Augenbrauen hochgezogen.

Oje, jetzt ist sie enttäuscht und senkt den Kopf, rümpft die Nase, zieht die Augenbrauen zusammen und ballt eine Hand zur Faust.

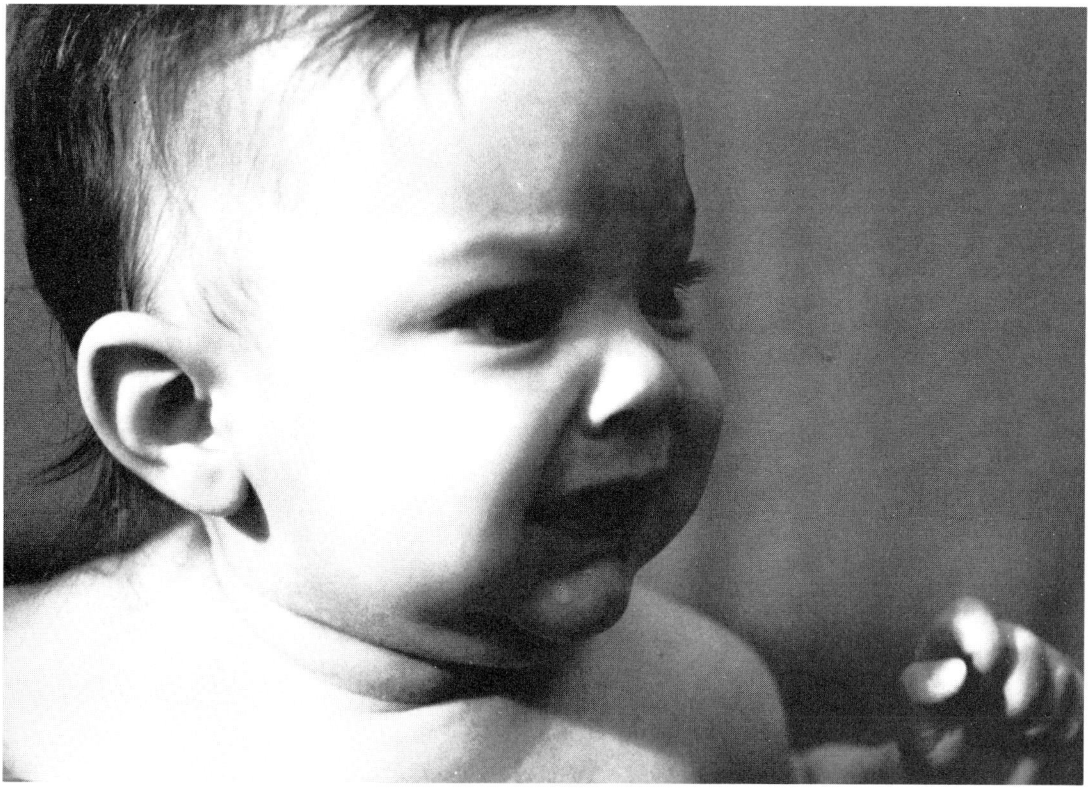

Diese Babys sind neugierig, aber unruhig. Etwas nimmt ihre Aufmerksamkeit gefangen, doch die Sache ist ihnen nicht ganz geheuer. Ihre Neugier zeigt sich am konzentrierten Blick, dem entspannten Mund und den geöffneten Händen. Die Augenbrauen sind zusammengezogen, eines der Babys klammert sich sogar an Mamas Pulli. Fühlt sich ein Neugeborenes von einer Person oder einem Gegenstand bedrängt, dreht es sich weg. Diese vier und fünf Monate alten Babys können mit ihrer Verwirrung umgehen und bleiben dem Gegenstand ihrer Neugier zugewandt.

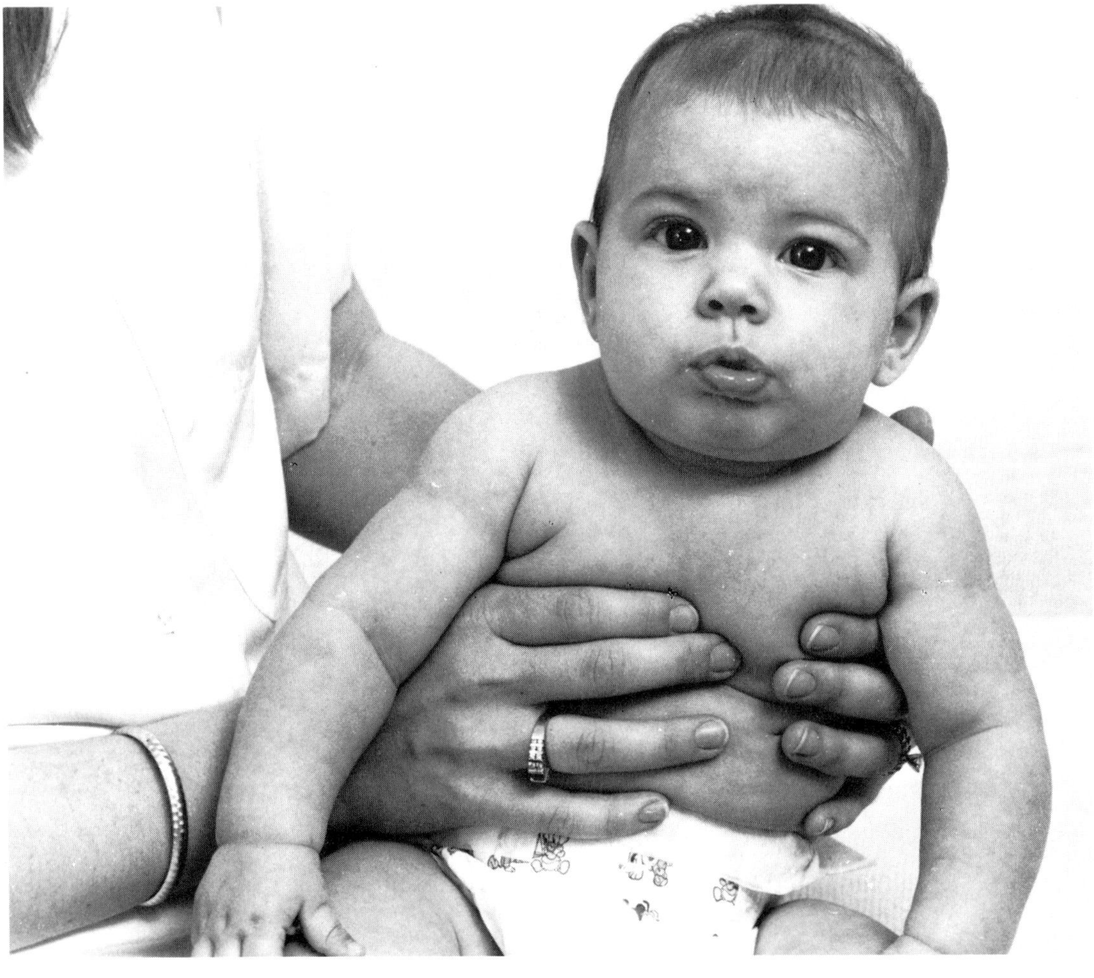

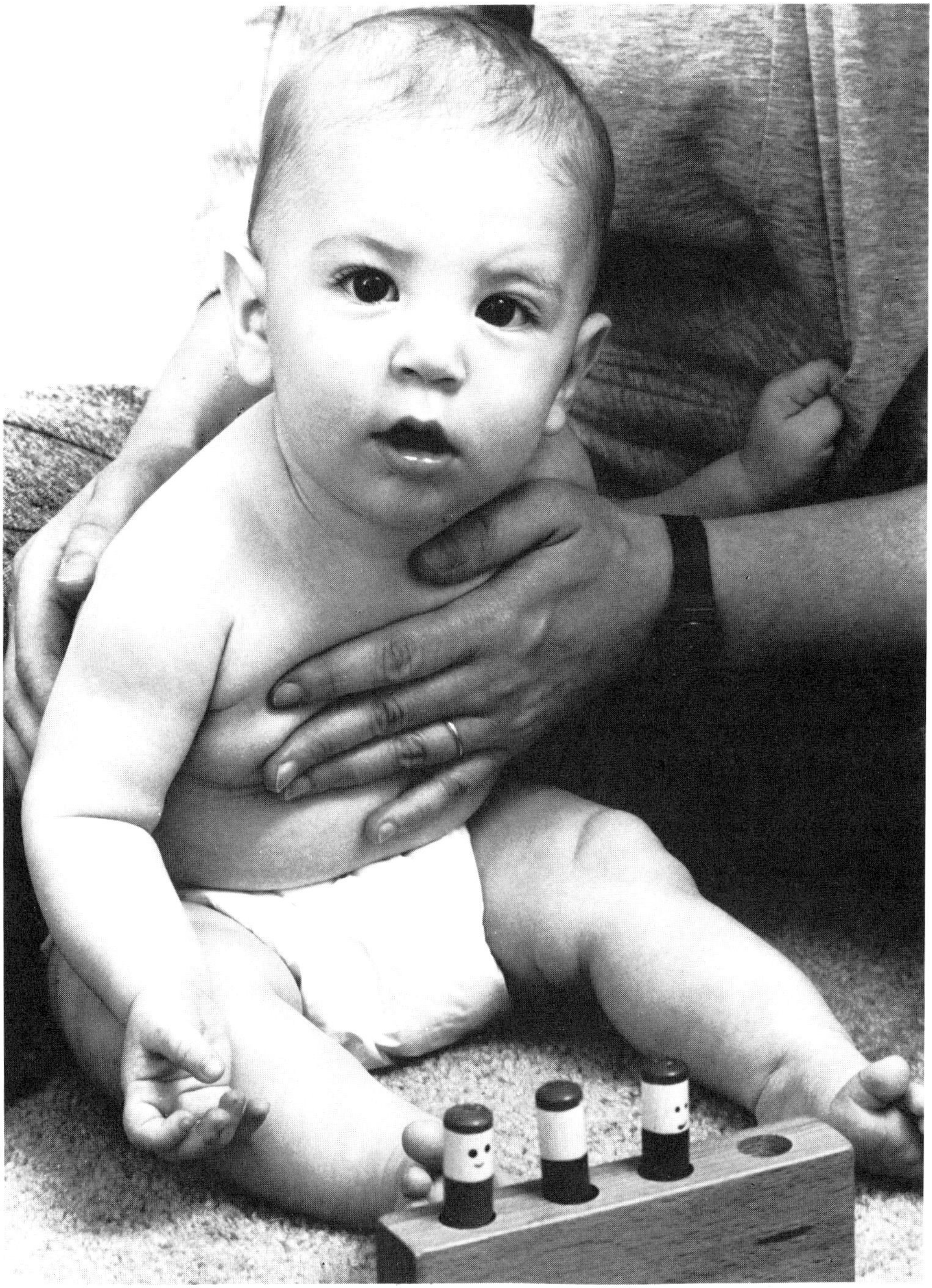

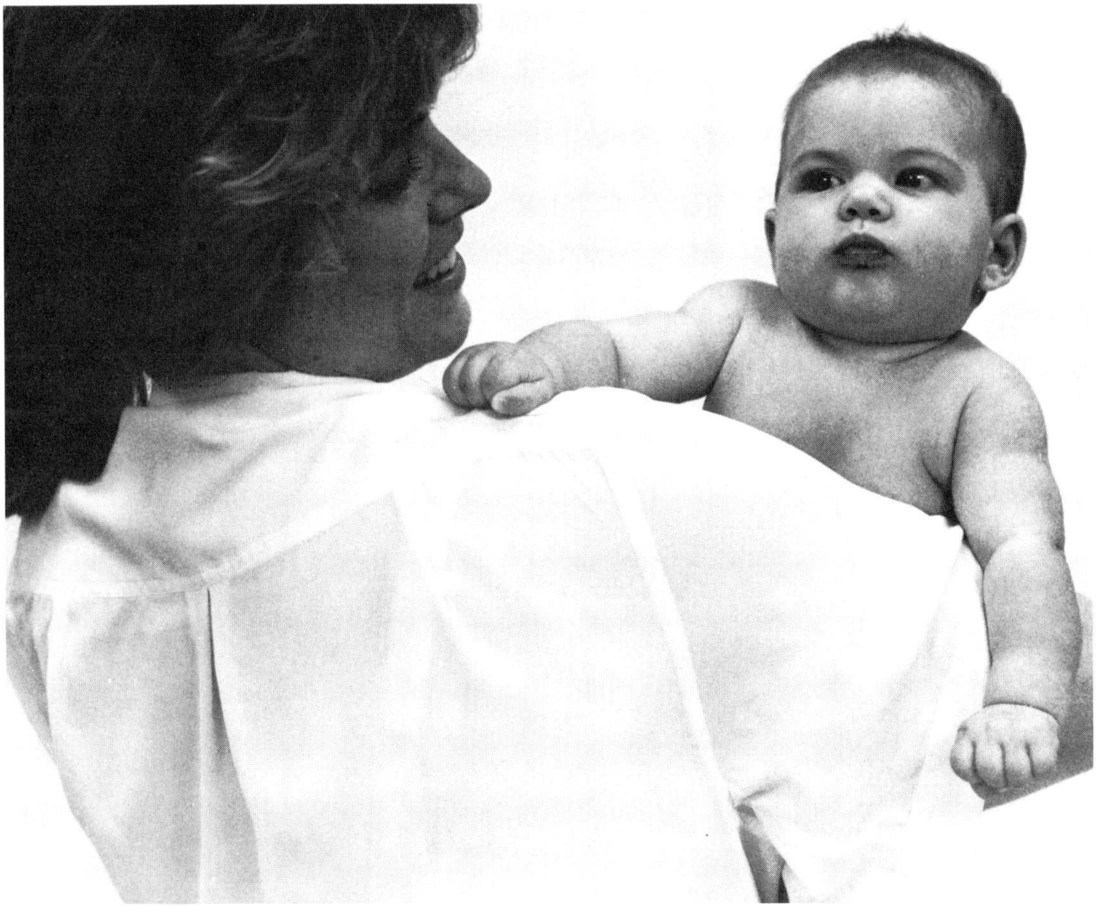

Neugier mit einem Anflug von Beunruhigung führt zu Vorsicht. Eines der Zeichen dafür ist ein Steifwerden des Körpers. Während Jenny über die Schulter ihrer Mutter schaut, macht sie die Ärmchen steif. Sie beißt auch die Kiefer zusammen und beginnt, ihren Kopf wegzudrehen.

Auch Rita hat sich steif gemacht. Die Schultern sind starr. Ihr Gesicht hat einen nüchternen Ausdruck. Zwar zeigt Jennys und Ritas konzentrierter Blick, daß ihr Interesse geweckt ist, doch ihre Steifheit und Anspannung verraten Streß und Abwehr. Das kann im nächsten Moment in Ängstlichkeit umschlagen. Jetzt ist für die Bezugsperson der Moment gekommen, mit einem vergnüglichen, altvertrauten Spielchen Rückhalt zu geben.

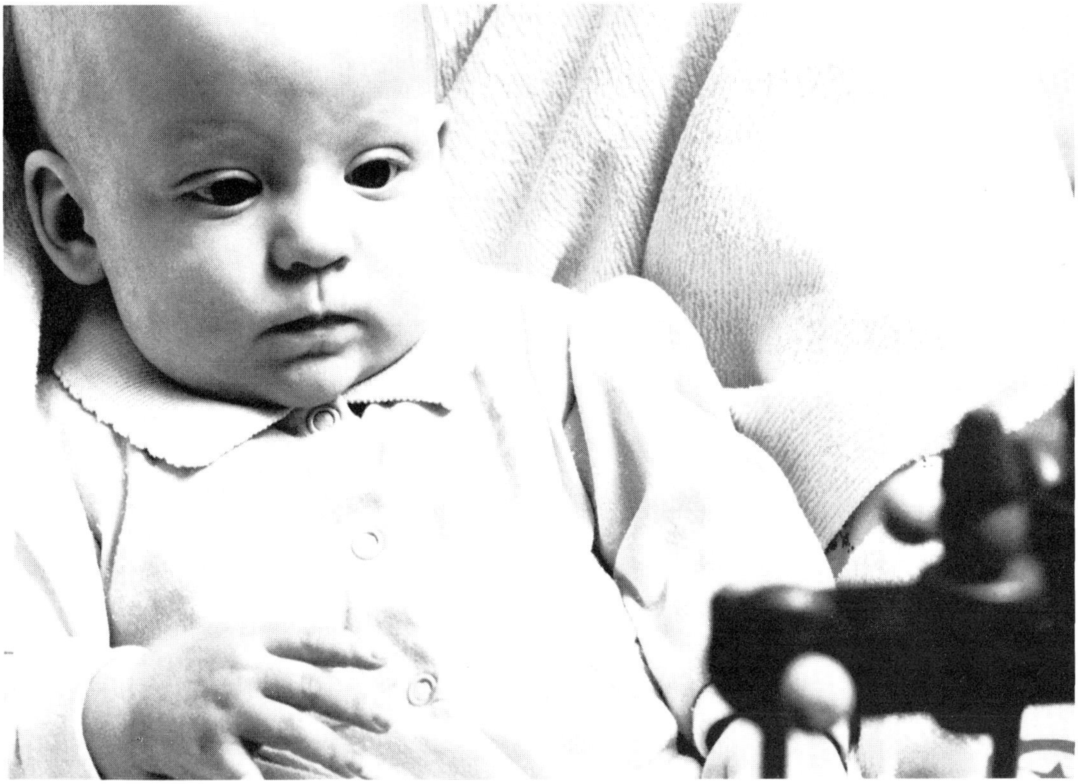

»Langsam werde ich unruhig.«

In Patrick mischt sich Neugier mit Furcht, er ist auf der Hut. Diese Zeichen verraten Neugier: Der Kopf ist nach vorn geneigt, der Gesichtsausdruck aufmerksam, Mund und Hände sind offen und entspannt. Doch die gerunzelte Stirn, die weit geöffneten Augen und die vorgeschobene Unterlippe sind erste Warnzeichen für aufkommende Furcht.

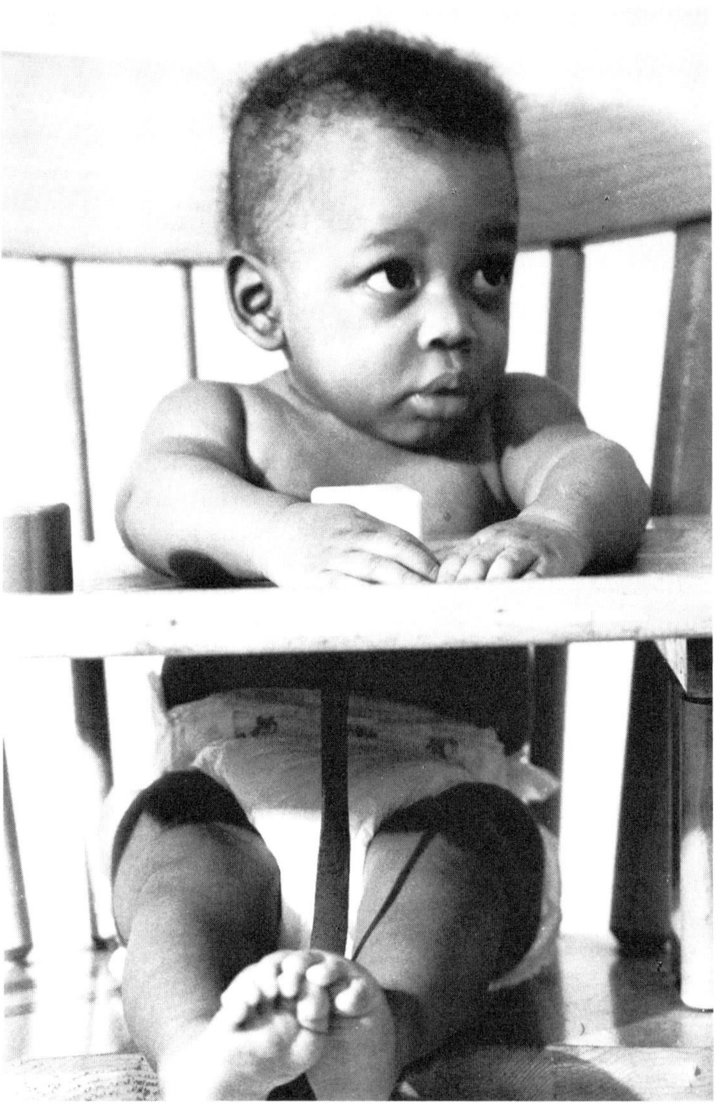

Michael ist noch ängstlicher, wie die geballten Fäustchen und das Stirnrunzeln verraten. Das Weiße der Augen tritt hervor, und insgesamt entsteht der Eindruck, diesem Baby schwant nichts Gutes.

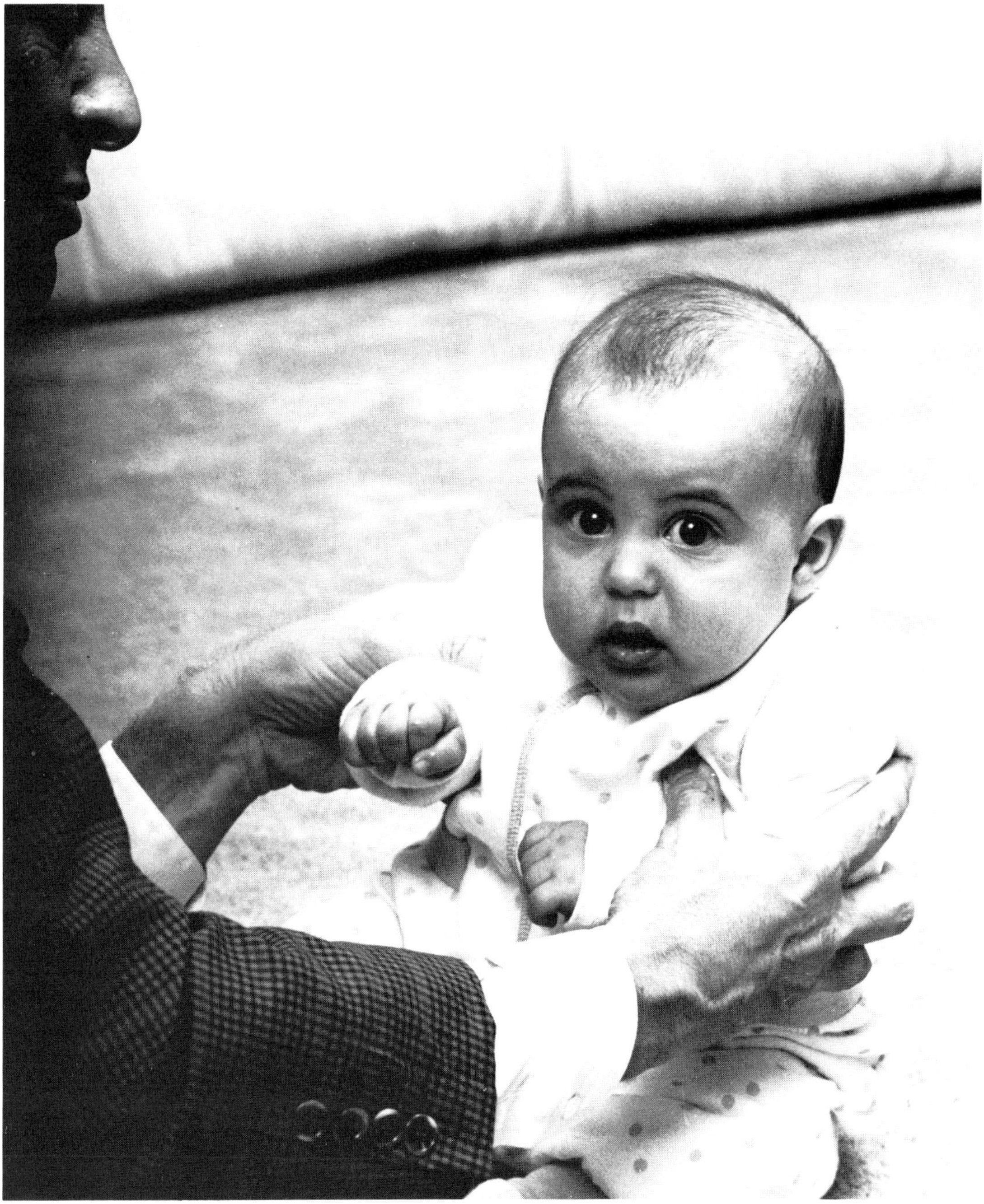

»Schreck laß nach!«

Andreas ist gerade zutiefst erschrocken – er sieht aus, als hätte soeben ein wildes Tier nach ihm geschnappt! Seine Augen sind vor Angst so weit aufgerissen, daß rundum das Weiße vorscheint. Der Unterkiefer klappt vor Überraschung nach unten. Seine Augenbrauen sind hochgewölbt. Sein Schreck, eine Mischung aus Angst und Überraschung, ist ein Signal, daß man sanfter mit ihm umgehen muß. Wenn Sie Ihr Baby in einer solchen Schrecksituation umarmen und flüstern: »Was war denn das?«, können Sie ihm helfen, sich zu beruhigen.

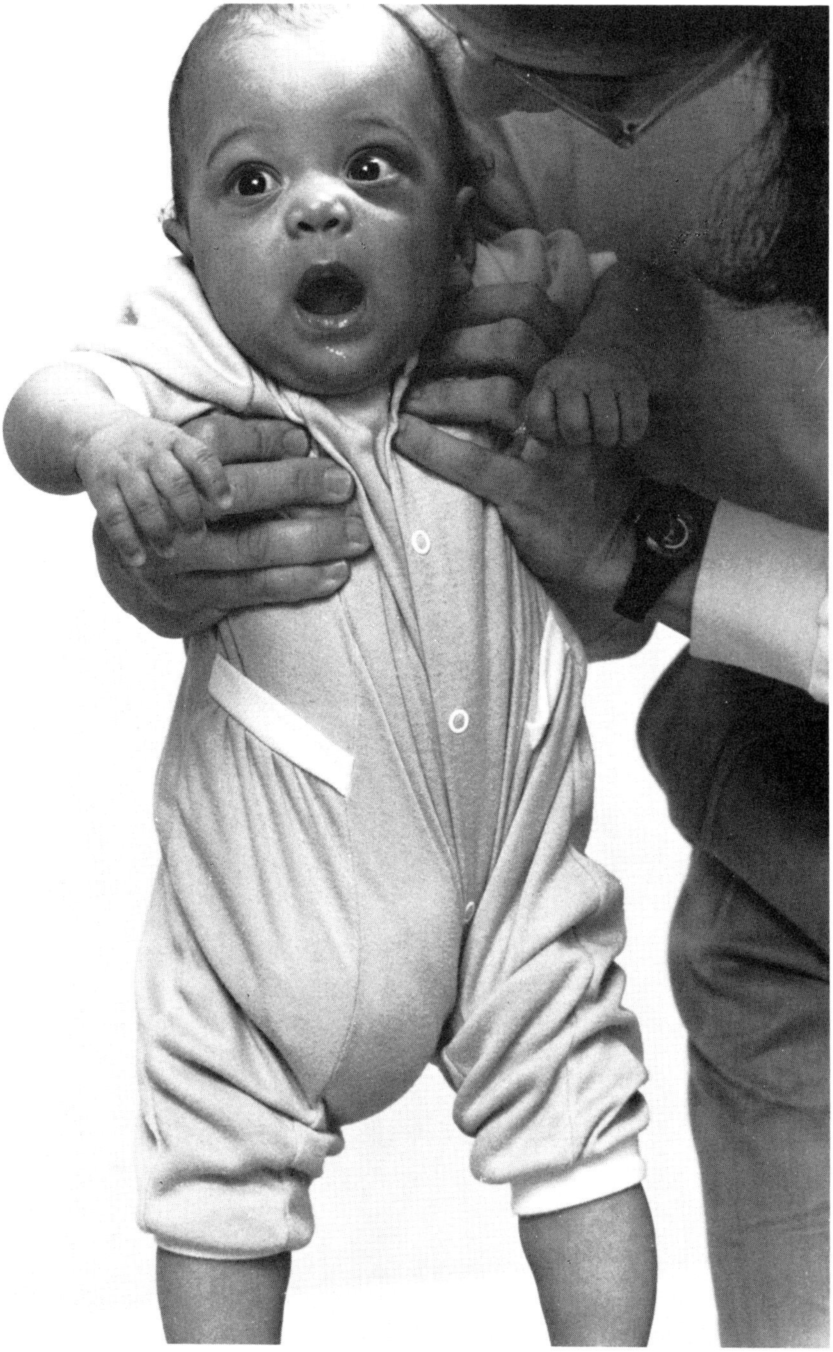

»Der Wauwau ist eigentlich doch ganz nett.«

Während Lena den Hund prüfend betrachtet, nimmt ihre ängstliche Vorsicht langsam ab. Hier öffnet sie weit die Augen, zieht das Kinn ein und hebt die Schulter, als ob sie sich schützen wollte. Sie ist optimistisch, doch auf der Hut.

Als sie zu dem Schluß kommt, der Hund sei in Ordnung, fällt alle Angst ab. Sie verzieht die Mundwinkel nach oben, hebt das Köpfchen und läßt die Schulter sinken. Ein Lächeln kann nicht nur Wohlbehagen signalisieren, sondern auch die Lösung von Spannung, endlich sind alle Zweifel ausgeräumt.

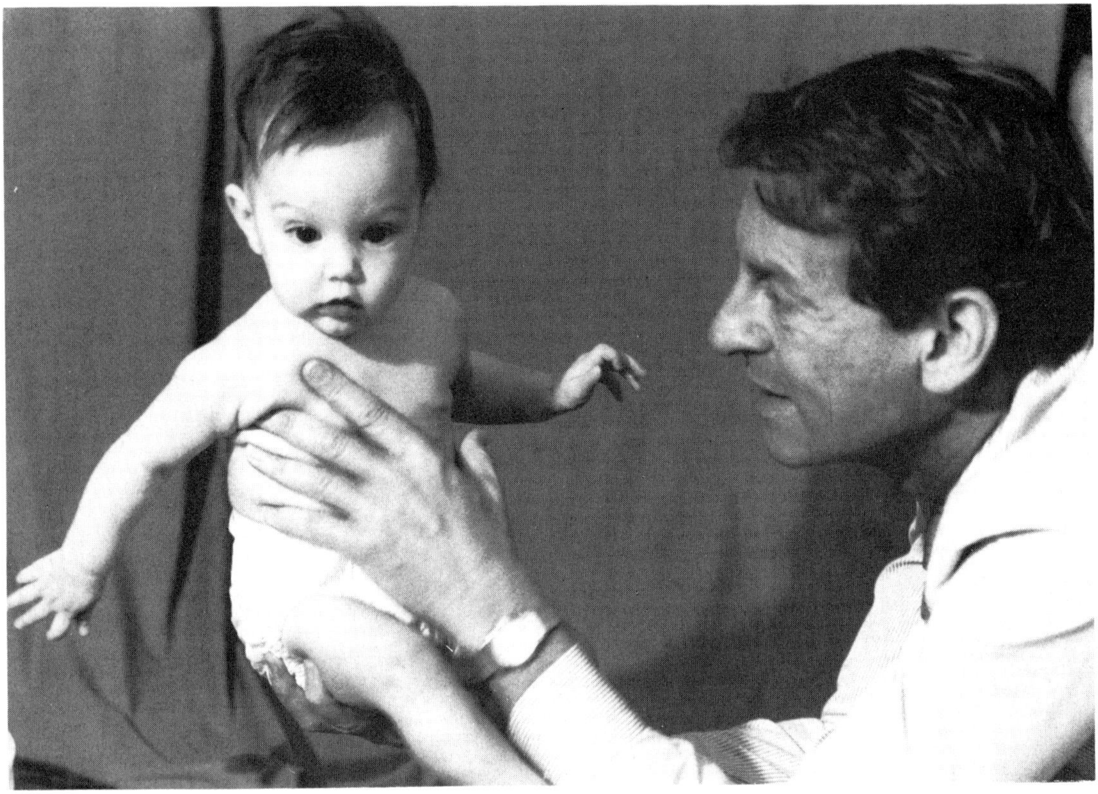

Lena macht es Angst, in die Luft gehalten zu werden; das zeigt sich eindrucksvoll an ihren ausgestreckten, angespannten Armen und Fingern. Ihr Blick ist angestrengt. Sie ist auch ganz »baff«, was an dem herabhängenden Unterkiefer und den schlaffen Bäckchen sichtbar wird.

Als ich sie mit einer lustigen Grimasse ablenke, breitet sich auf ihrem munteren, strahlenden Gesicht Erleichterung aus. Auch die Arme und Hände beginnen, sich zu entspannen. Lenas glücklicher Gesichtsausdruck zeigt, daß sie ihren Humor wiedergefunden hat.

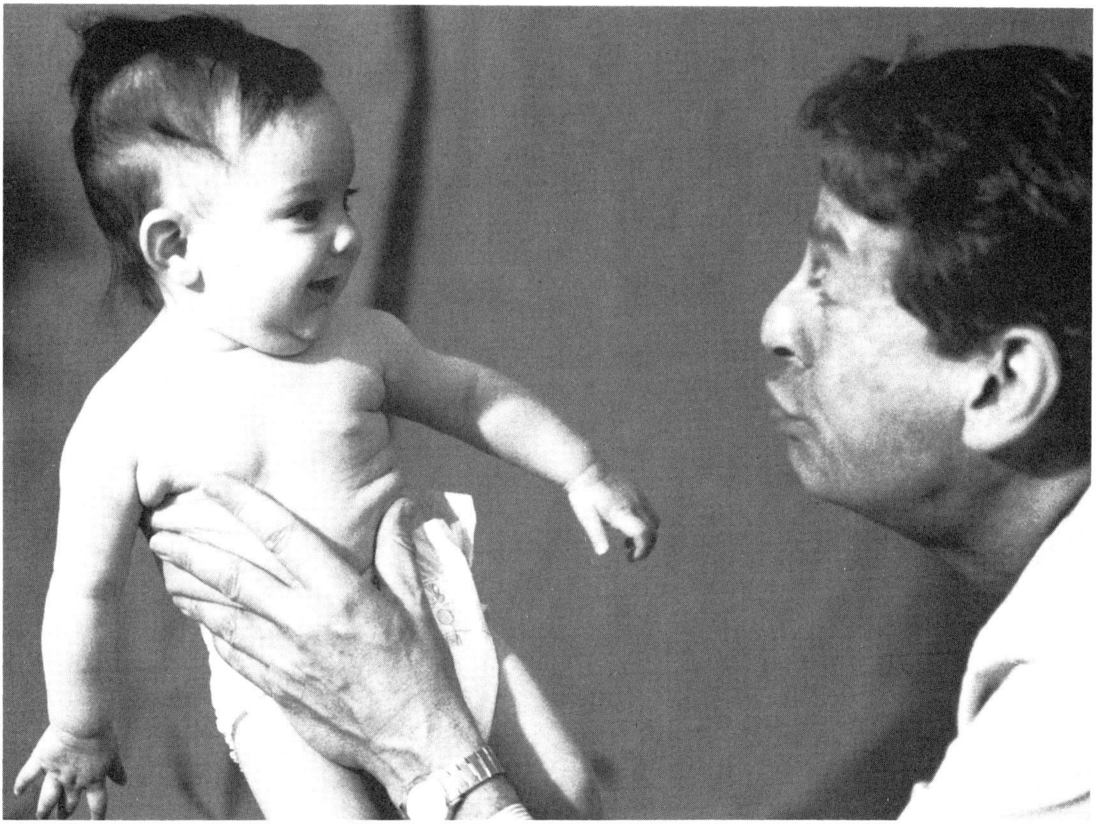

»Ein bißchen mehr Abstand, bitte!«

Wenn Eltern merken, daß ihr Baby an einem Gegenstand interessiert ist, bringen sie ihn oft näher heran. Nach den ersten Monaten ist vielen Babys ein Abstand von mindestens einem halben Meter lieber, bis sie selbst nach dem Objekt greifen. Diese sechs Monate alten Babys machen ihren Eltern klar, daß die Nähe zu groß ist. Als die Mutter Sarah ein Spielzeug dicht vor die Nase hält, schließt sie die Augen und dreht den Kopf weg. Ihre Lippen sind angespannt, die Augenbrauen leicht zusammengezogen.

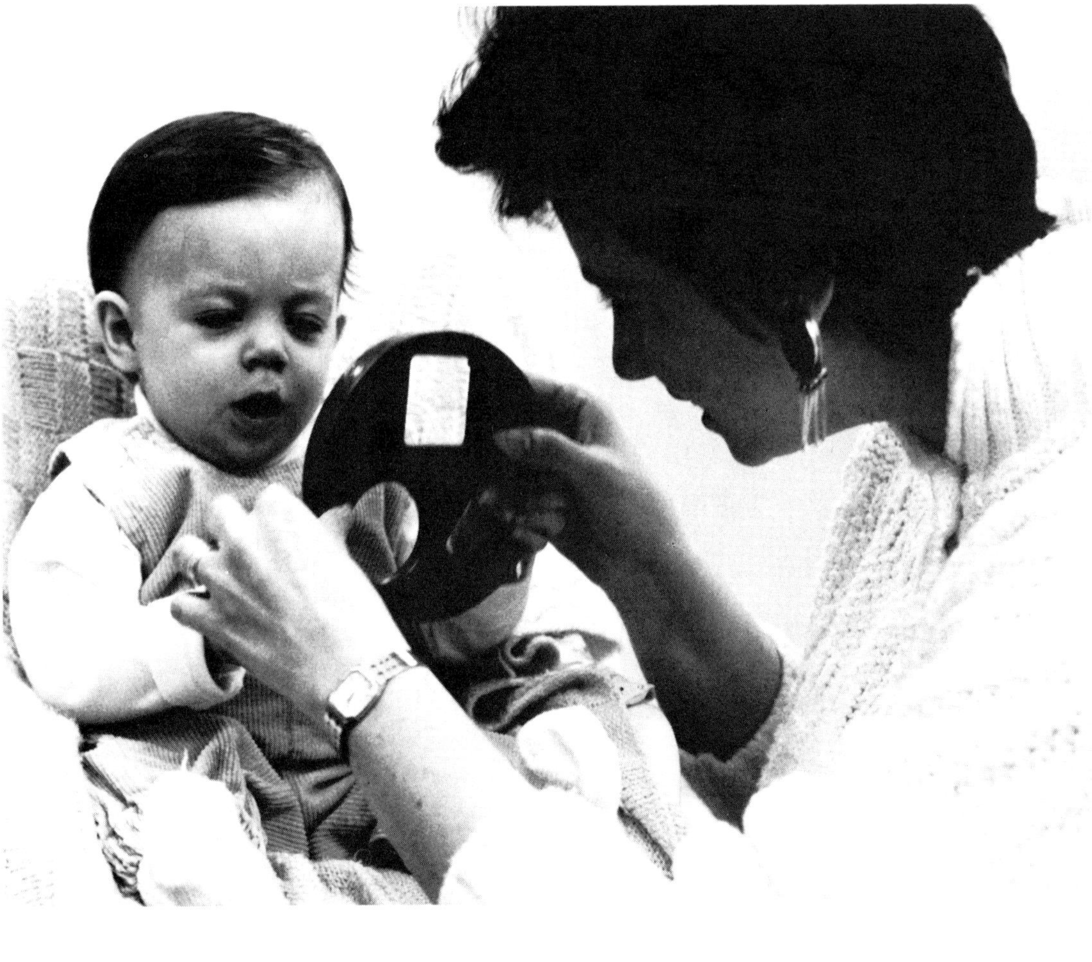

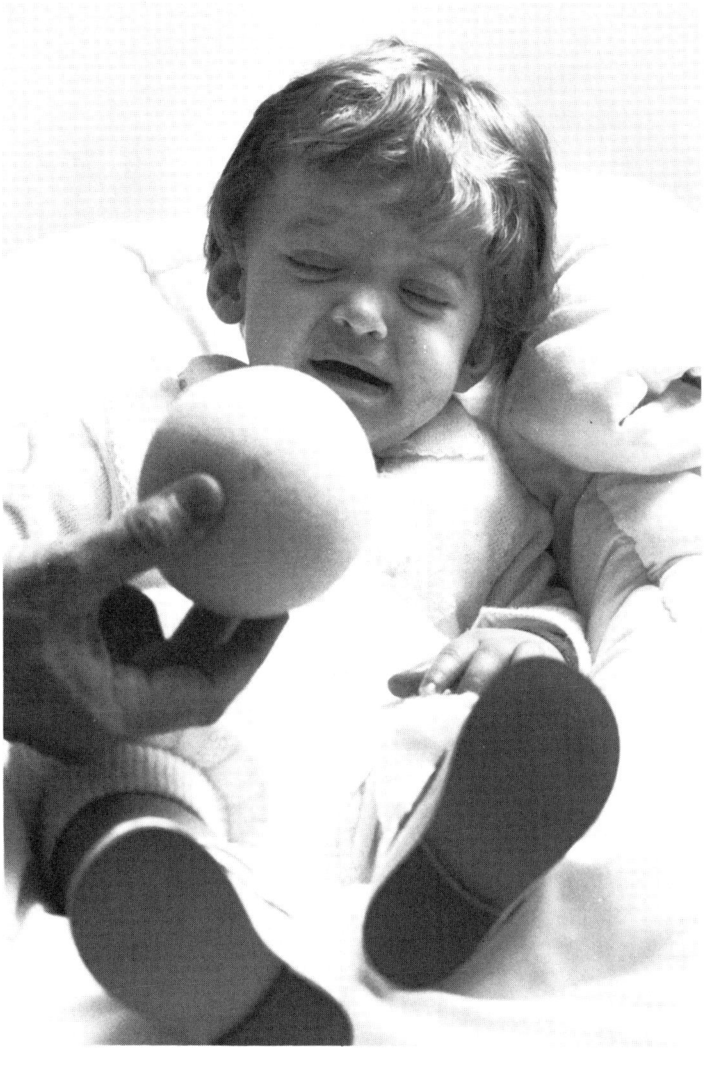

Adrian blockt vollständig ab, weil ihm der Ball zu nahe gekommen ist. Die äußerst angespannten Lippen und Backen sind zu einer Grimasse verzerrt, die Augen fest geschlossen.

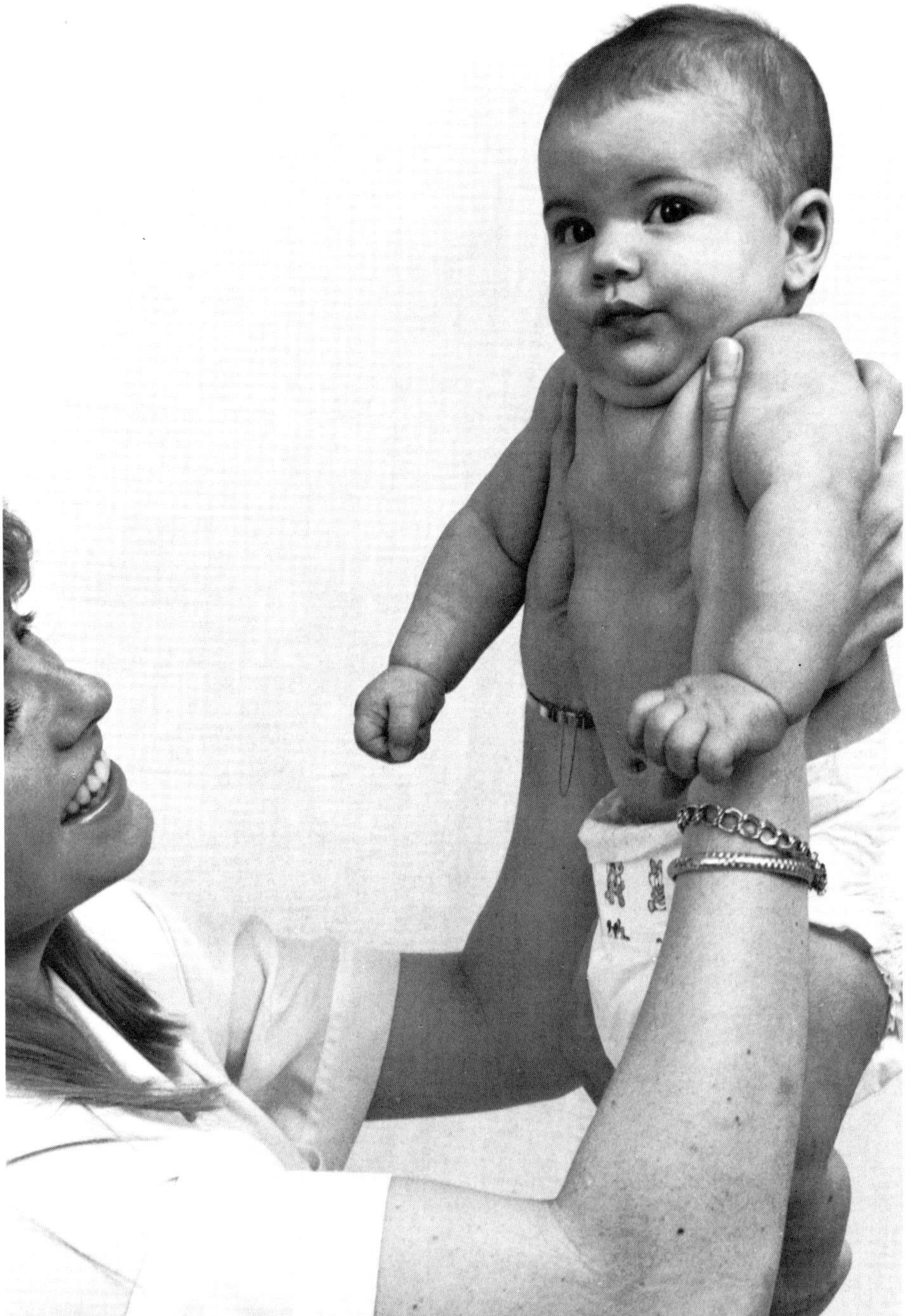

Manchmal gehen wir in unseren Versuchen, unsere Babys zu amüsieren, zu weit, wie sie uns gleich unmißverständlich zu verstehen geben. Als Jenny hoch in die Luft gehalten wird, wendet sie demonstrativ den Kopf von ihrer Mutter ab. Ihre linke Hand signalsiert »Stop«, die rechte ist zur Faust geballt. Daß Jenny genug hat, sagen auch ihre gekräuselten Lippen, die steifen Ellbogen und das gesenkte Kinn.

Philip streckt seine Zunge heraus, um sein Unbehagen zu zeigen. Auch er macht eine Faust, und die Augenbrauen sind zusammengezogen. Wenn Sie solche Rückzugssignale bemerken, sollten Sie sich ruhig verhalten und Ihrem Baby Zeit lassen, seine Fassung wiederzuerlangen.

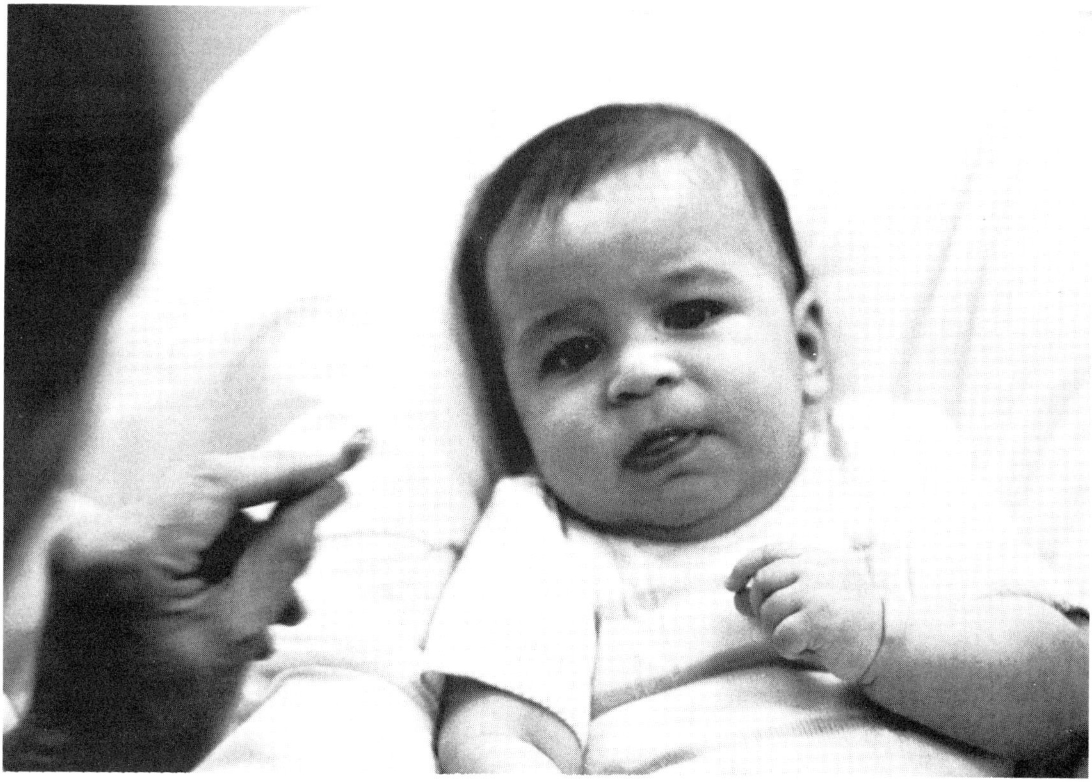

»Abschalten.«

Wirkt ein Baby müde, bedeutet das oft, daß es sich überfordert fühlt und ist nicht unbedingt ein Hinweis, daß ein Schläfchen fällig ist. Sarah braucht ein bißchen Ruhe und signalisiert das mit diesem müden Gesicht. Die Brauen sind gesenkt, die Bäckchen sakken nach unten, die Augen sind matt und halb geschlossen. Sarah macht einen Schmollmund. Der ausgestreckte Finger kann ihr später helfen, wieder wacher zu werden.

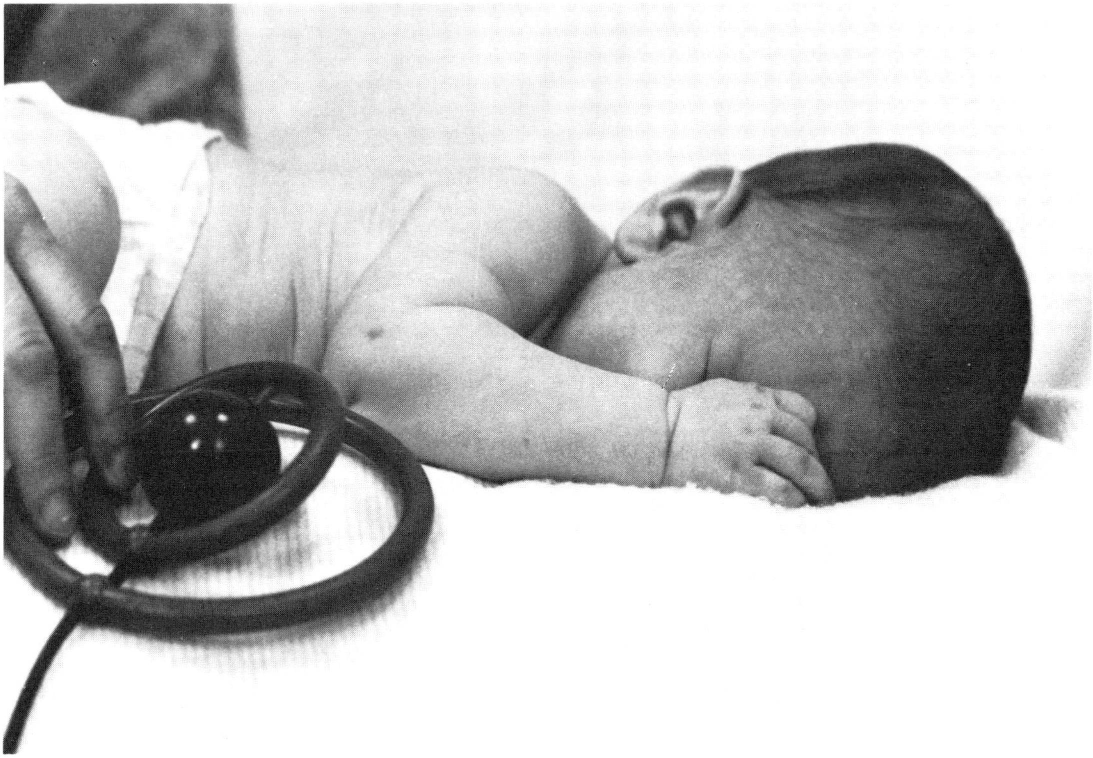

Bei Johannes sind die Grenzen wirklich überschritten; er tut so, als schliefe er. Er gibt hier ein extremes Beispiel für einen Rückzug, vergräbt den Kopf in der Decke und versteckt sein Gesicht und die fest zusammengekniffenen Augen hinter seiner Hand. Beide Babys berühren ihr Gesicht, um sich selbst zu trösten.

»Halt doch endlich still und laß mich schauen!«

Manchen Babys wird ein Spiel schnell zu heftig. Emmas Mutter schwenkt die Rassel, um ihr Baby zu amüsieren. Doch Emma will die Rassel eigenlich in Ruhe betrachten. Erst ist sie verwirrt. Sie hebt den Kopf, um ihre Neugier zu befriedigen, doch die gerunzelten Augenbrauen verkünden Unruhe.

Die Rassel wird weiter geschüttelt, und Emma zieht Hand und Kopf wieder zurück.

Endlich hört die Rassel auf, sich zu bewegen. Emma greift danach, ihr Gesicht entspannt sich in einem vagen Lächeln. Es ist nicht ganz klar, ob ihre weit auseinandergespreizten Finger »Stop« signalisieren oder aber: »Laß mich das mal halten.«

Eine zitternde Unterlippe bedeutet, daß Ihr Baby gleich losweinen wird, wenn Sie es nicht schnell trösten. Patrick in seinem Stühlchen gibt noch weitere Signale, daß er gleich in Tränen ausbrechen wird: Seine Füßchen sind angezogen und leicht verkrampft, sein Blick ist abgewandt. Die Mundwinkel und Bäckchen hängen nach unten.

Sarah streckt die Ärmchen aus, weil sie auf den Arm genommen werden will. Die Stirn ist stark gerunzelt, die Augen sind fast geschlossen. Die Tränen kullern schon, das ganze Gesicht ist weinerlich verzogen.

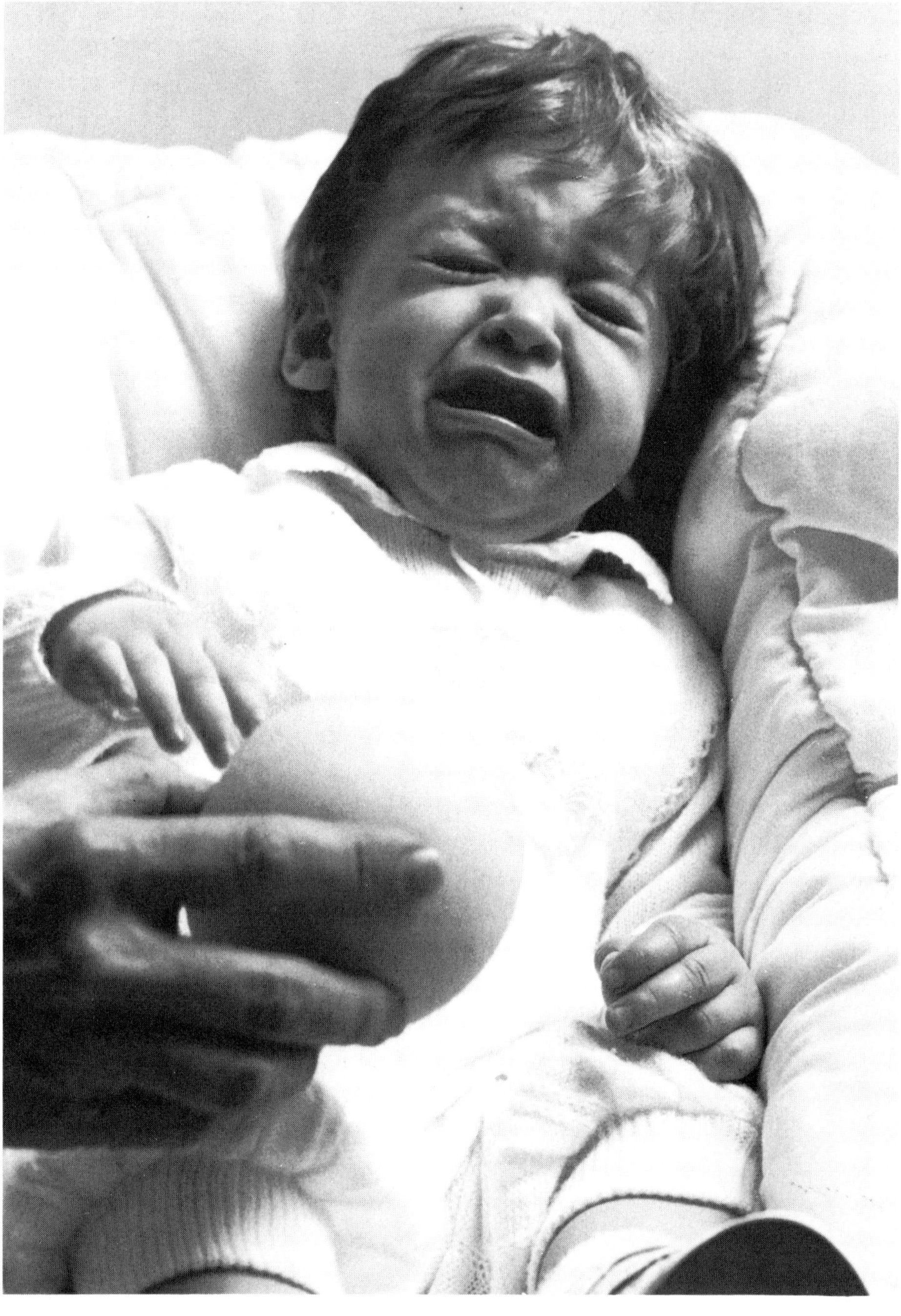

Schreien ist das vehementeste Mittel Ihres Babys, sein Unbehagen auszudrücken. Doch die Körpersignale sind nur eine intensivere Ausgabe der Frühwarnzeichen. Beide Babys verschließen ihre Augen fest vor den unangenehmen Eindrücken, die sie bedrängen. Die Stirn ist mit aller Macht gerunzelt, die Unterlippe zittert, und die Zehen und Finger sind in Abwehrhaltung gespreizt. Wenn Sie auf die Frühwarnzeichen Ihres Babys rechtzeitig aufmerksam werden, wird es weniger schreien.

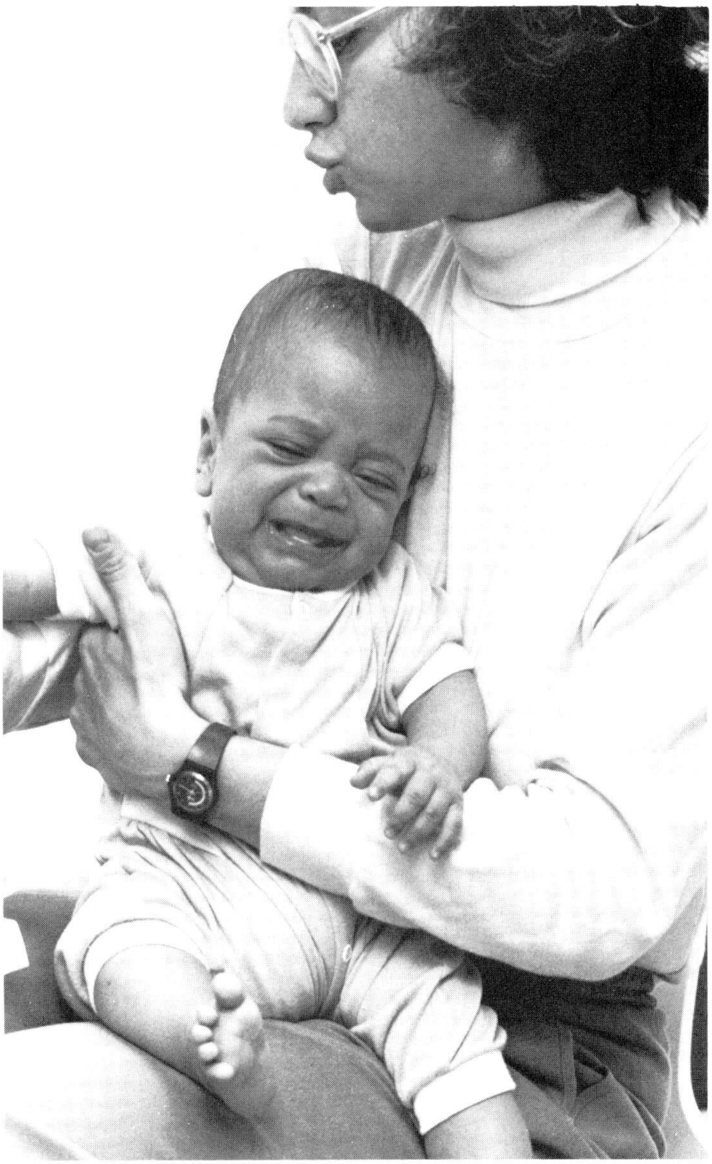

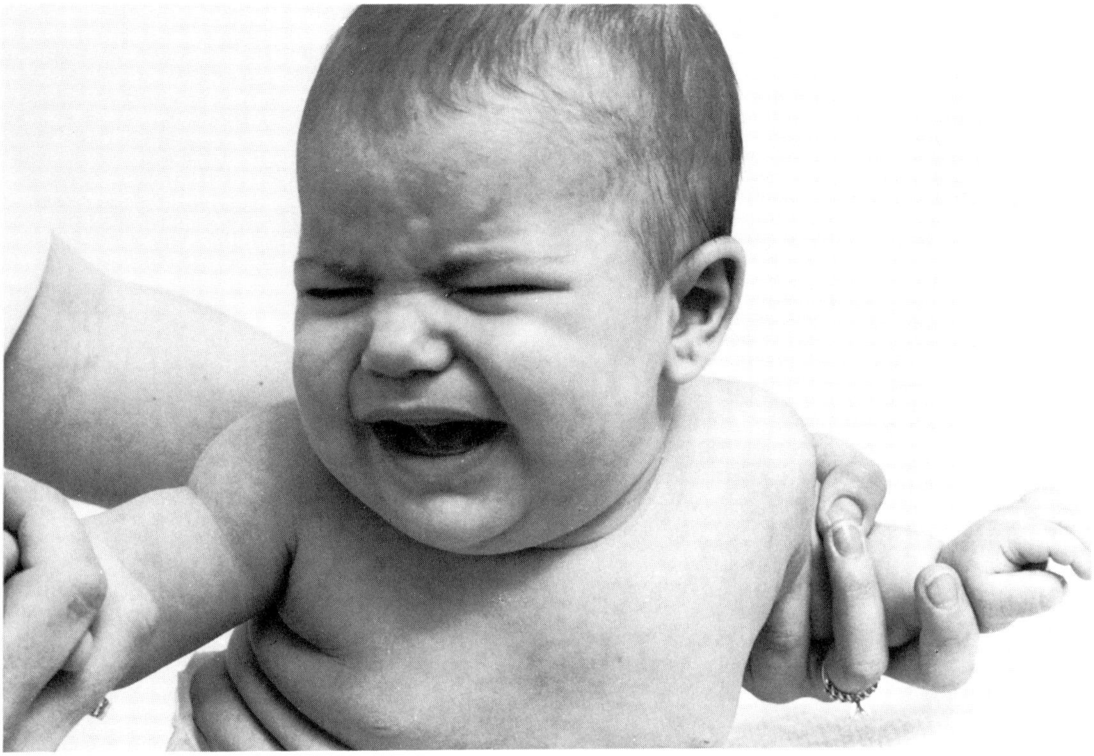

Zusammengezogene Augenbrauen und fest zusammengekniffene Augen begleiten das weinerliche Geschrei.

Dann beginnt sich Jenny zu entspannen, was sich zuerst an ihren Bäckchen und der Stirn zeigt. Die Augen öffnen sich langsam. Die Tröstversuche ihrer Mutter haben Erfolg.

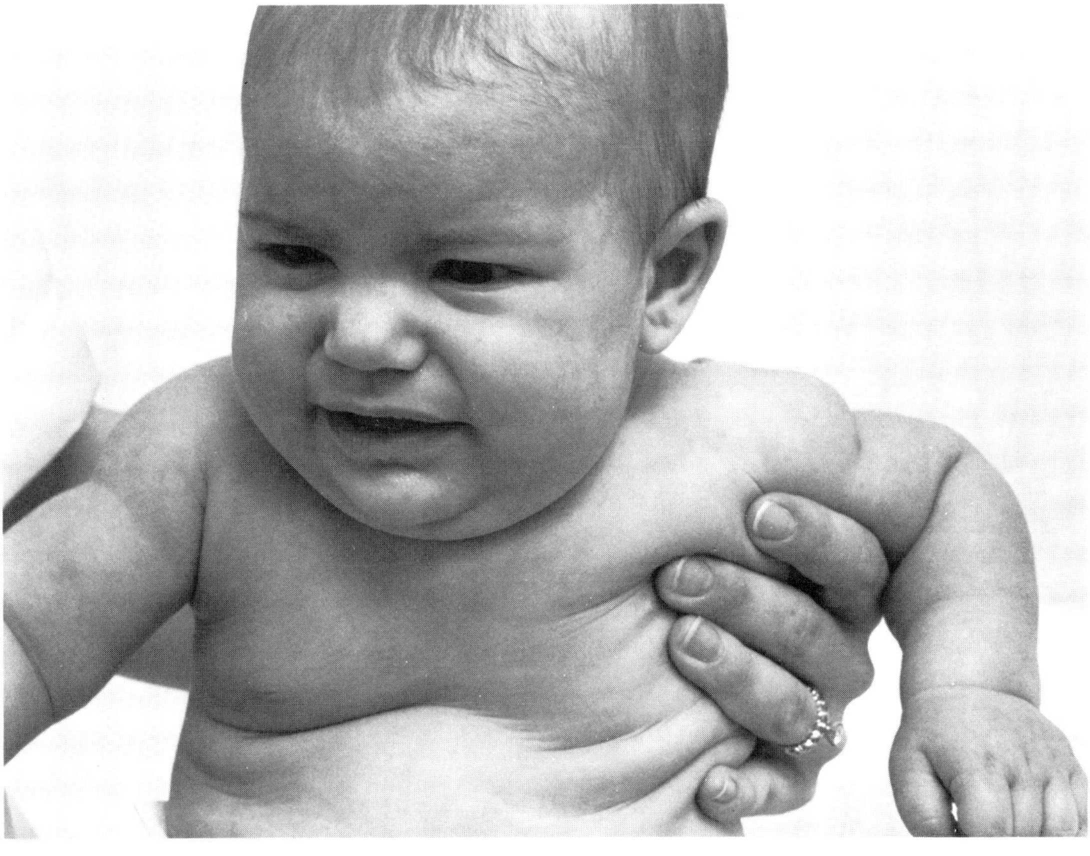

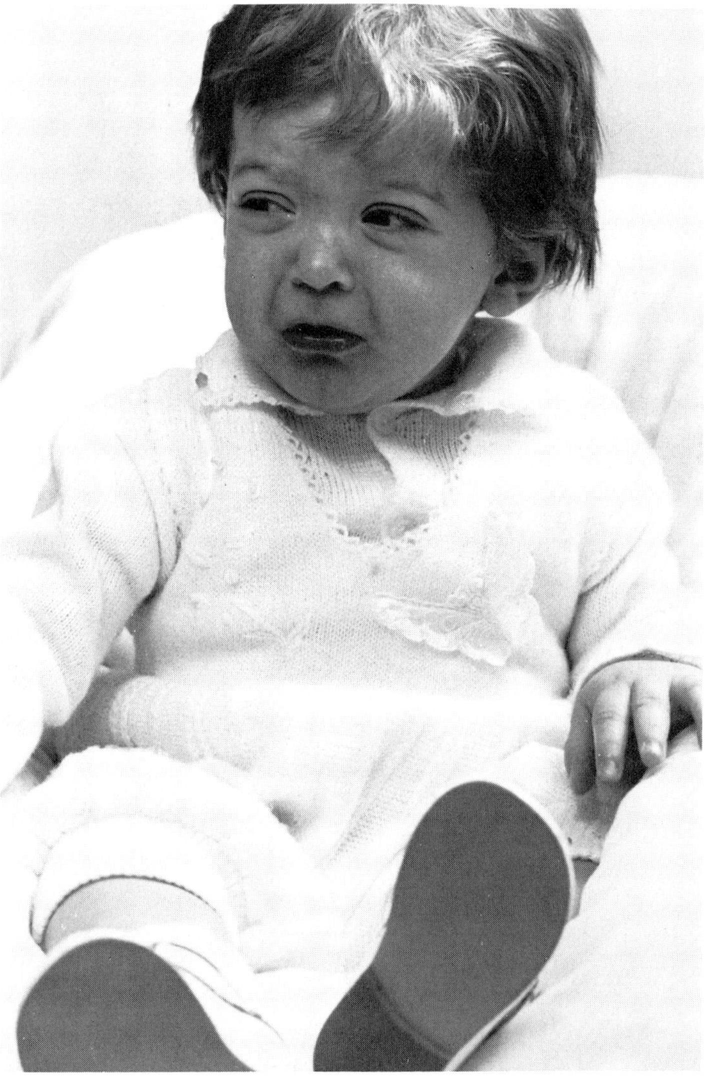

Adrian ist nahe daran, loszuheulen. Seine Unterlippe zittert, die Nase schnieft. Seine Oberlippe ist sehr flach, die Augen sind leicht verengt.

Seine Mutter scherzt mit ihm, um ihn abzulenken. Die strahlenden Augen, das Lächeln und der erhobene Kopf verkünden den Stimmungsumschwung; Adrian ist wieder glücklich. Die Finger, die abwehrend gespreizt waren, sind entspannt. Doch ein solcher abrupter Wechsel der Gefühle weist auf innere Angespanntheit hin. Höchste Zeit, die Reizüberflutung zu bremsen.

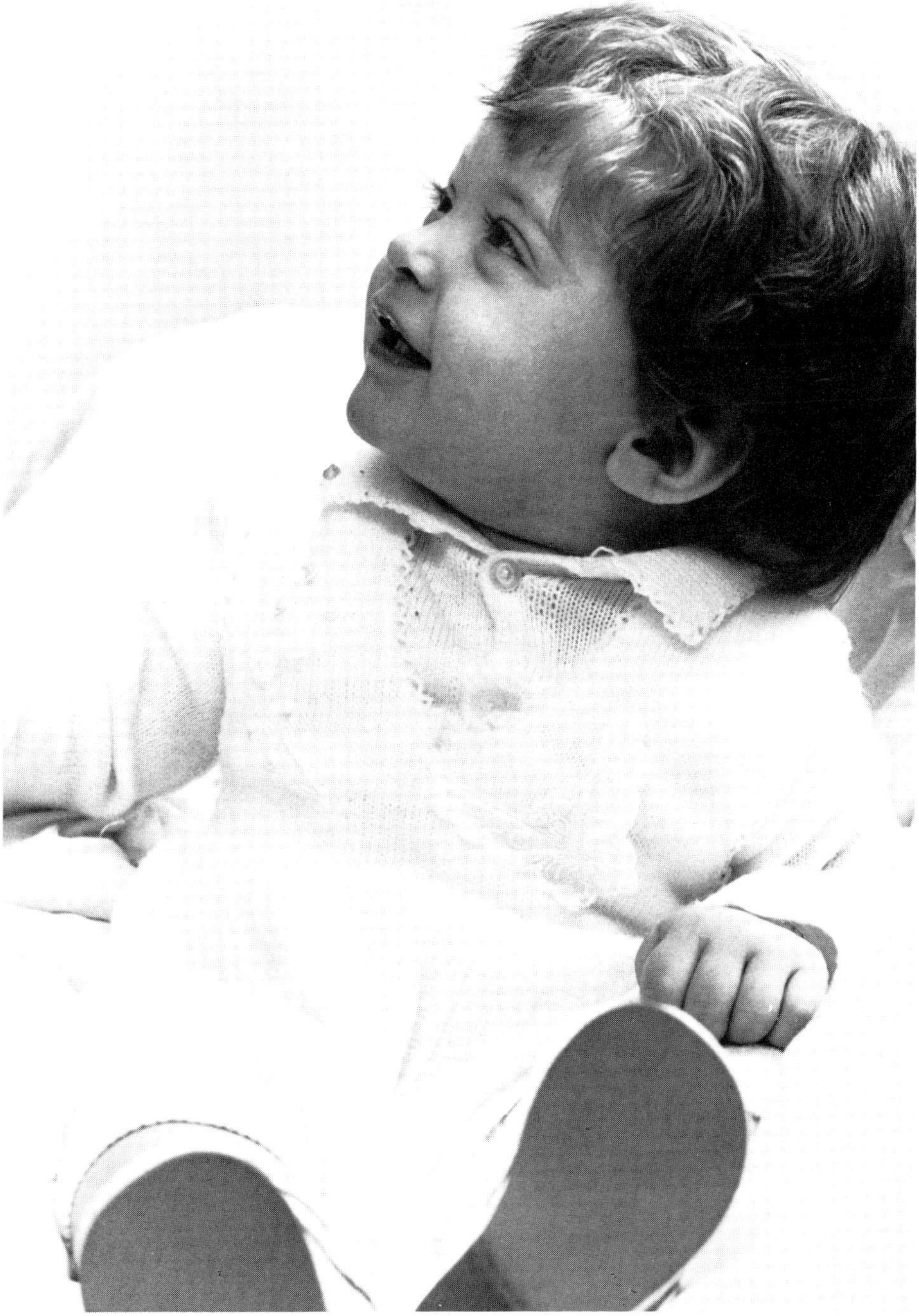

Jüngere Babys sind vielleicht einmal verärgert oder gereizt. Ein vier Monate altes Baby beginnt, seinen Ärger gezielt auf einen bestimmten Menschen oder Gegenstand zu richten. Andreas versucht, seine Mutter etwas von seinem Zorn spüren zu lassen. Seine Augen treten leicht hervor und blicken hart und starr, die angespannten Lippen sind eckig verzogen, als ob gleich ein Wutgeschrei hervorbrechen würde.

Dann stößt Andreas die geballte Faust in Richtung Mutter, als ob er ihr gern Saures geben würde. Er wendet die Augen ab und preßt die Lippen fest aufeinander.

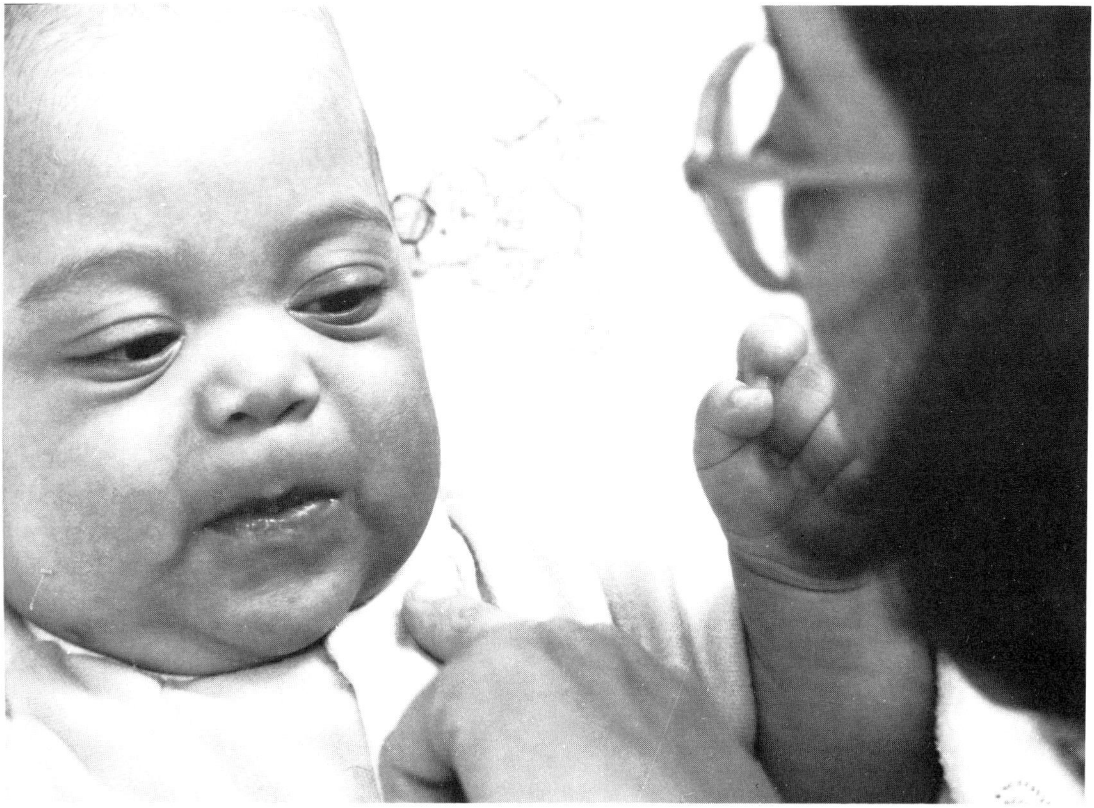

»Ich bin zornig!«

Zorn kann sich zurückhaltend oder sehr deutlich zeigen. Bei Emma verraten der starre Blick und der angespannte Mund, wie zornig sie ist. Zu Signalen des Unbehagens gehören auch die zum Hinterkopf erhobene Hand, die zusammengezogenen Augenbrauen und die Zunge, die zwischen den Lippen sichtbar wird. Das nächste Mal werden die Eltern bleiben lassen, was Emma so verärgert hat.

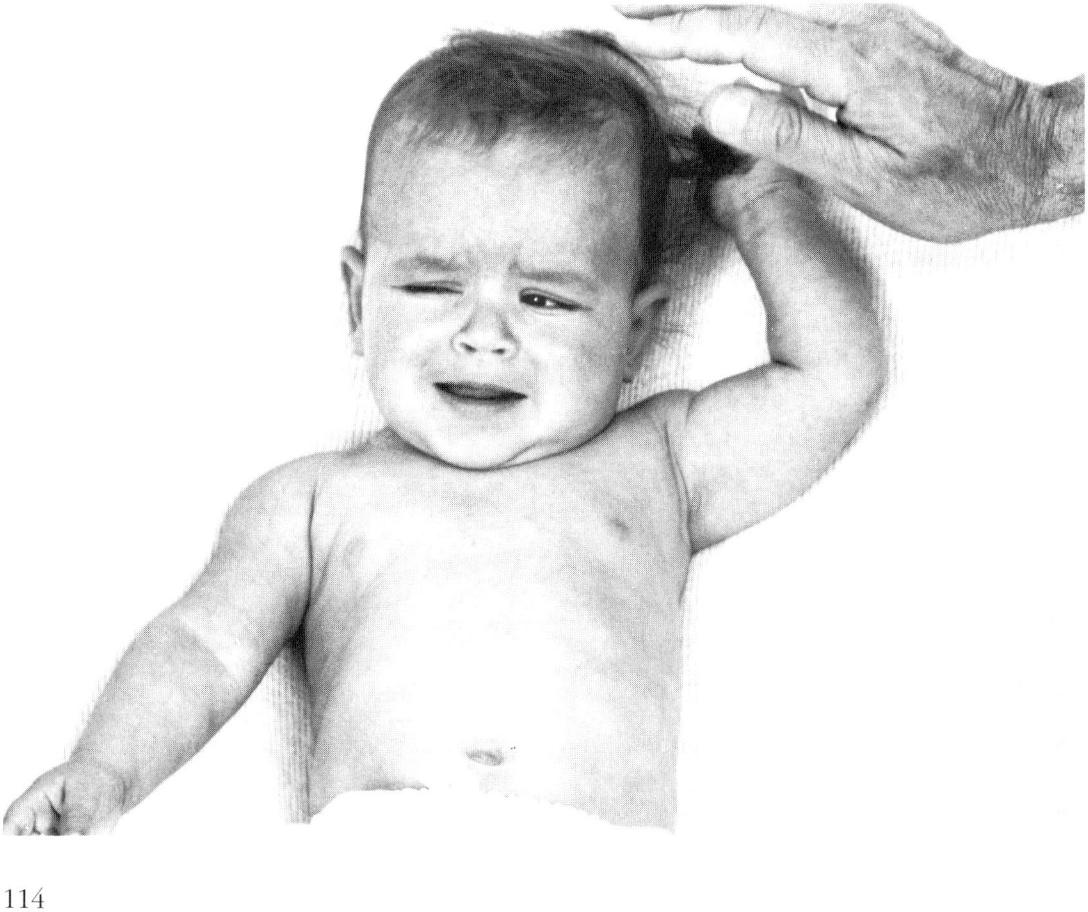

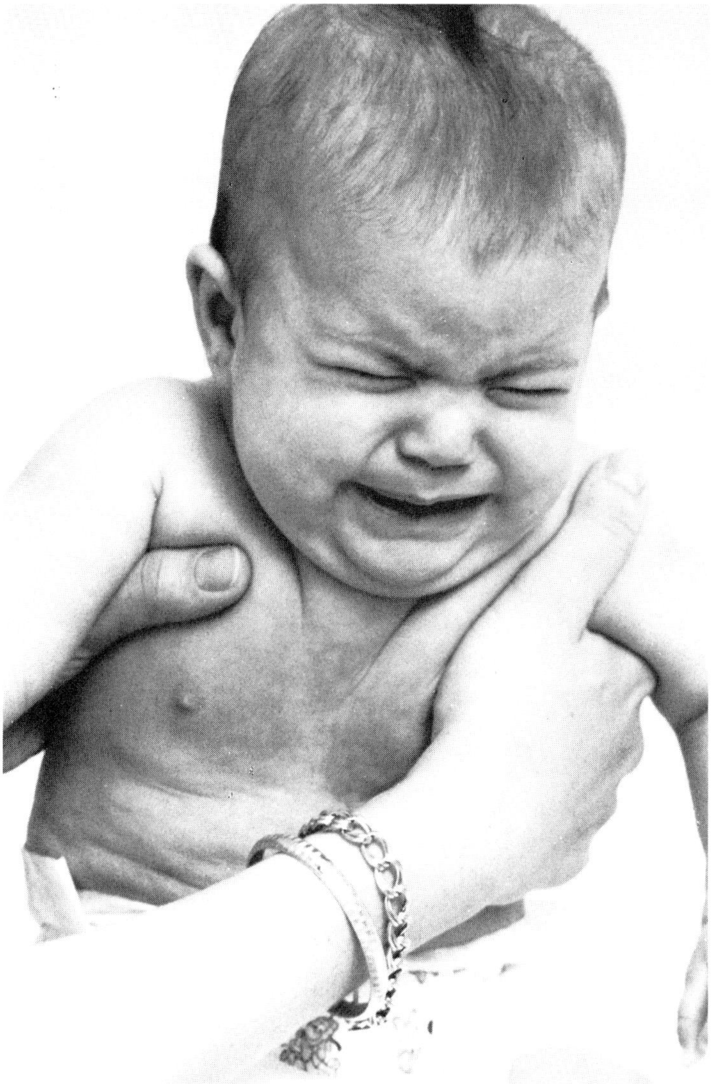

Jenny platzt vor Wut und verzieht das Gesicht, so stark sie kann. Sie brüllt, aber es fließen keine Tränen.

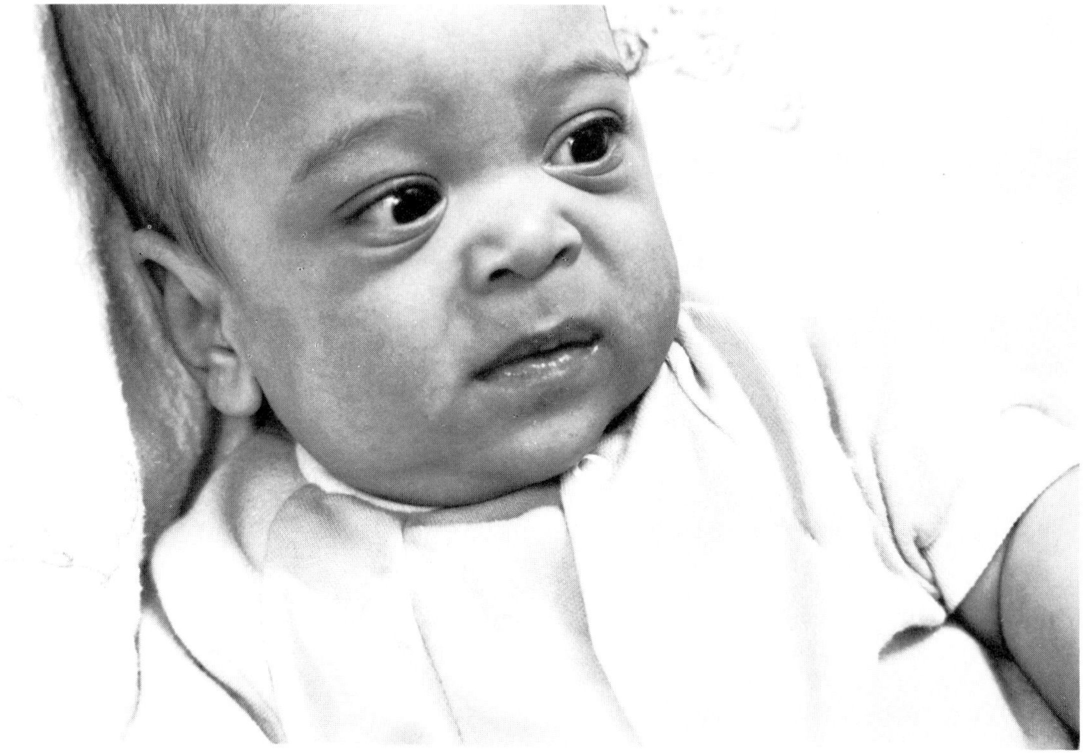

Ebenfalls neu in diesen Monaten ist der Ausdruck von Ekel – der vielleicht Ihnen gilt, vielleicht aber auch dem ersten Löffel Brei. Andreas zeigt leichten Ekel, als er die Nase rümpft und die Oberlippe ähnlich wie ein Erwachsener hochzieht. Die erhobenen Augenbrauen verraten, daß für ihn das Ekelerlebnis überraschend kam.

Später wird der Ekel ausgeprägter, und Andreas streckt die Lippen vor und die Zunge heraus, gleichzeitig wendet er die Augen ab. Das Senken und seitliche Wegdrehen des Kopfes heißt, daß man doch das Ekelhafte bitte aus seinem Gesichtskreis entfernen solle. Wieder ist die Nase entschieden nach oben gezogen.

»Das schmeckt scheußlich… aber ich werd's überleben.«

Lena erwartet, daß ihr schmecken wird, was sich ihr da auf dem Löffel nähert: Sie ist entspannt, aufnahmebereit und voller Vertrauen.

Doch der bittere Geschmack zieht ihr das ganze Gesicht zusammen; die tiefen Falten zeigen, wie sie sich innerlich verkrampft. Von der Kostprobe Grapefruitsaft ist sie gründlich angewidert.

Sie erholt sich schnell. Erst entspannen sich die Backen, dann die Oberlippe und das Kinn. Sie gibt zu verstehen, daß sie womöglich weinen wird, wenn das Bittere nicht nachläßt.

Dann entspannen sich auch die Augenbrauen, die Unterlippe rundet sich nach unten und die Zunge spitzt hervor. Lena wird mit ihrem Ekel gut fertig.

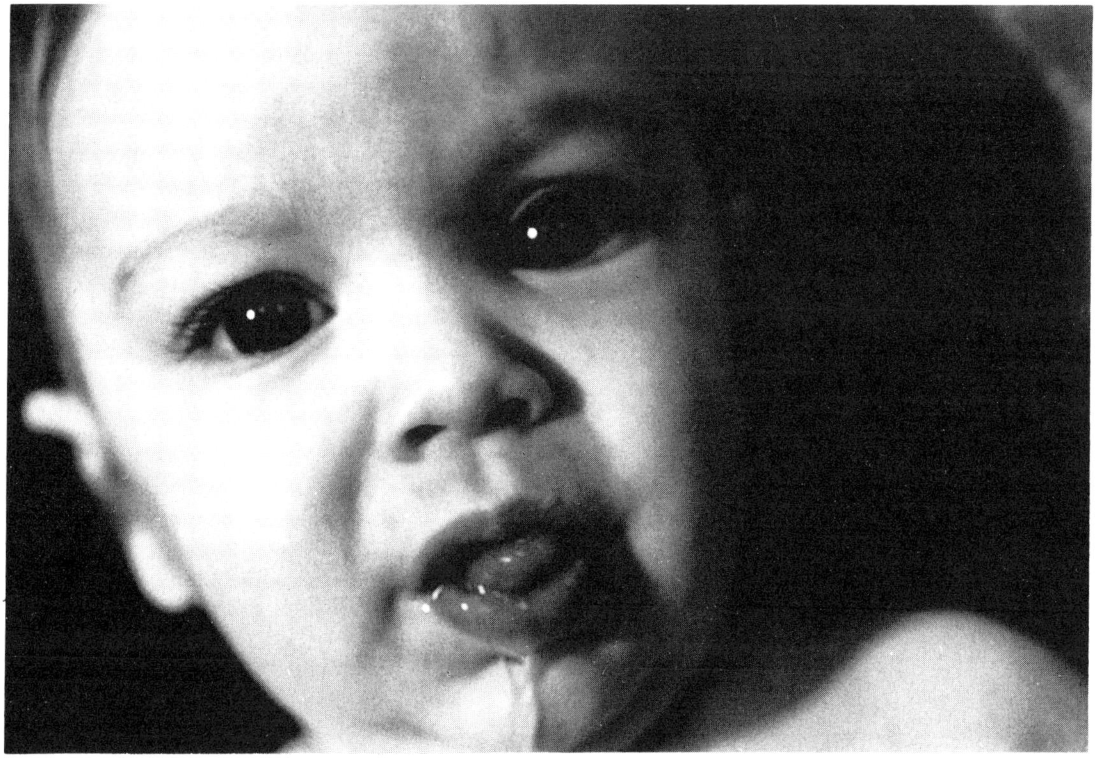

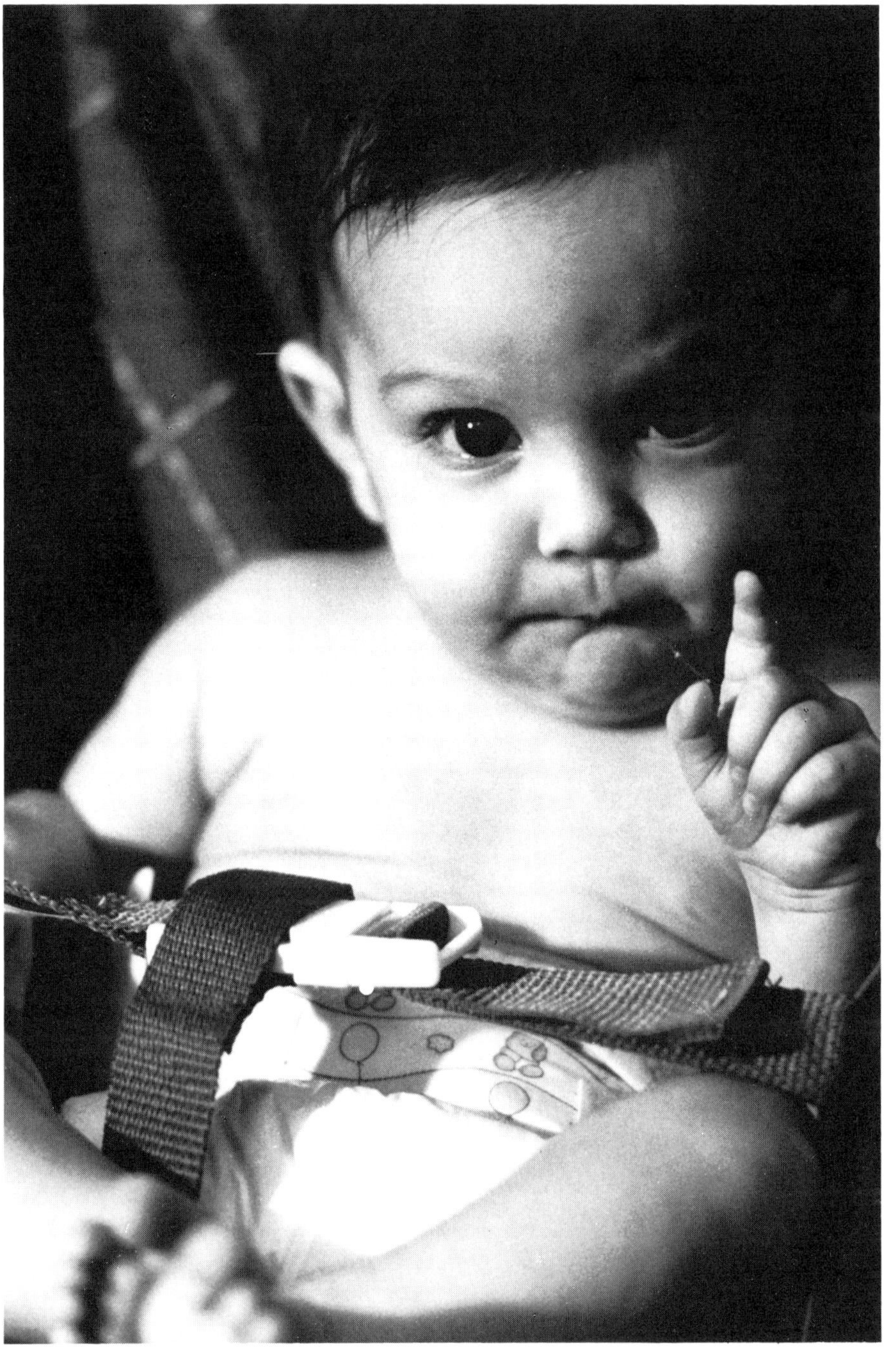

Je weiter es auf sechs Monate zugeht, desto aktiver wird Ihr Baby den Austausch zwischen Ihnen beiden mitbestimmen. Lena streckt den Finger aus, um die Mutter auf etwas Bestimmtes aufmerksam zu machen. Das ist früh, bereits mit fünf Monaten zu zeigen. Zunächst sind ihre Augenbrauen angespannt und fragend erhoben. Als die Mutter ihren Anweisungen folgt, entspannt sich die Unterlippe. Zeigen ist eine Methode, Sie auf einen Gegenstand aufmerksam zu machen. Es ist ein spezifischeres Signal als Weinen oder Starren, ein Schritt in Richtung verbale Kommunikation. Sie können den Gegenstand benennen, auf den Ihr Baby zeigt, bevor Sie ihn herholen. Später können Sie so tun, als ob Sie nicht wüßten, was Ihr Kind möchte, wenn es ihn nicht mit dem richtigen Wort bezeichnet.

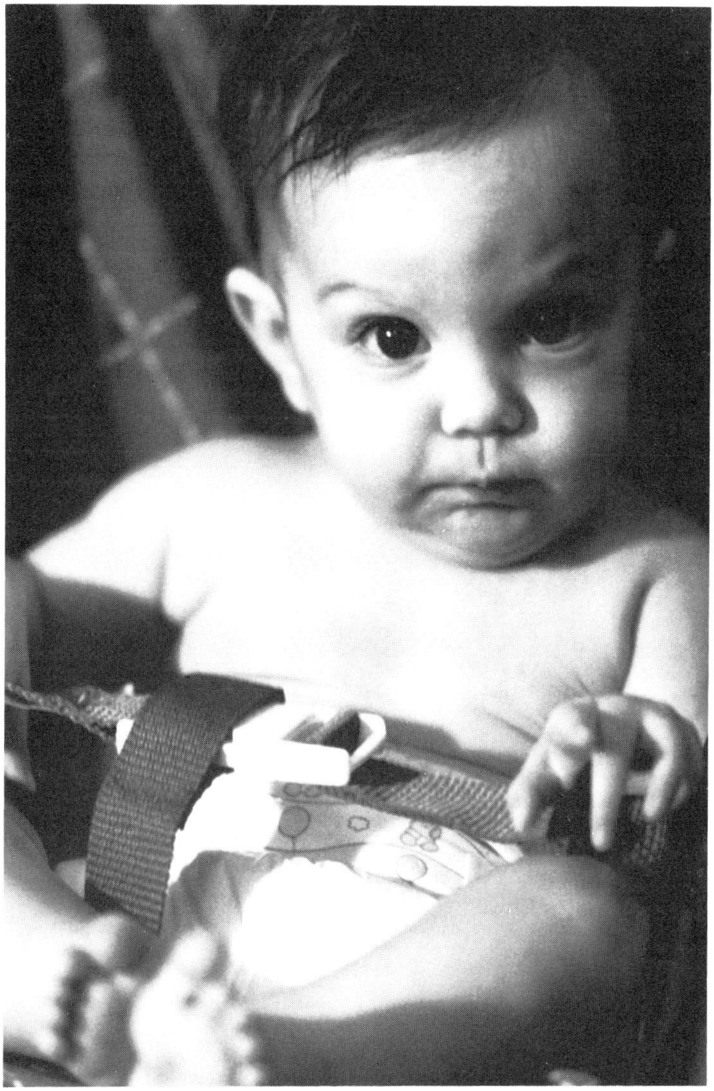

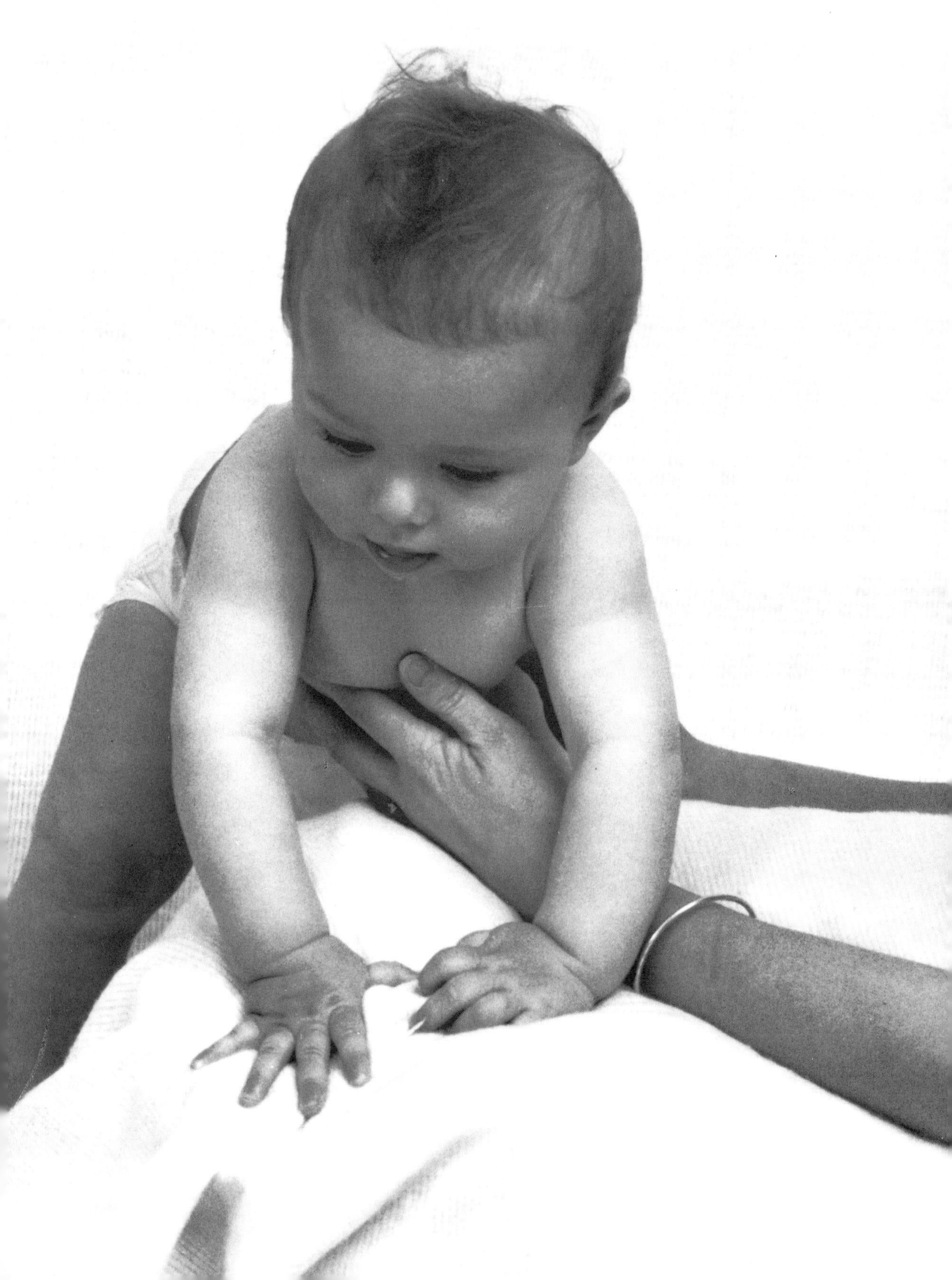

Sieben bis zwölf Monate

Zwischen dem siebten und dem zwölften Monat erkennt Ihr Kind, daß es eine eigene, von anderen Menschen gesonderte Person ist. Das wird manchmal genossen, manchmal als bedrohlich empfunden, so daß das Kind eine verstärkte Bindung zu den Eltern sucht. Die Vorstellung von »wir« setzt sich fest, und das Baby lernt, daß »wir beide« eine Erfahrung teilen können. Jetzt holt sich Ihr Baby bei Ihnen Rückhalt oder Bestätigung, wenn es Sie mit den Blicken sucht. Um sich Ihre Aufmerksamkeit zu sichern, deutet es mit dem Finger, quengelt, lächelt oder schneidet Gesichter.

Zu den neuen Gefühlen in diesen Monaten gehören Langeweile, Verdrießlichkeit, Scham, Vertrauen und Vorsicht. Vorsicht, eine Mischung aus Furcht und Interesse, ist besonders wichtig, weil sie für die Sicherheit Ihres neuen Krabbelkinds sorgt. Ein vorsichtiges Baby zögert, während es eine Situation abtastet. Manche Eltern halten Vorsicht irrtümlich für Schüchternheit, die man mit einem Schubs oder einem »Na, komm schon« überwinden muß. So etwas kann dem Selbstvertrauen eines Babys nur schaden. Es muß die Örtlichkeiten oder einen unbekannten Menschen in seinem ihm eigenen Tempo erkunden. Manche Babys stürzen sich in Neues, ohne lange zu überlegen, und geraten dadurch öfter in mißliche Situationen. Andere halten sich zu stark zurück, so daß ihnen viel Spaß entgeht. Mit Hilfe Ihres gemeinsamen Signalsystems können Sie solchen Extremen gegensteuern.

Vorsicht ist ein Beispiel für eine Mischung von Gefühlen, die Überlagerung zweier Emotionen, welche ein paar Monate zuvor nur nacheinander auftreten konnten. Das zeigt, daß Ihr Baby jetzt komplexer empfindet. Wenn der erste Geburtstag näherrückt, werden Sie zum Beispiel eine Mischung sehen wie Angst und Lächeln – vielleicht glauben Sie, Ihr Baby sei unaufrichtig, doch in Wirklichkeit versucht es, sich zu beruhigen. Flirten ist eine Mischung zweier Signale: »Komm her!« und »Geh weg!«. Ihr Baby signalisiert vielleicht »Nein«, während es scheu danach verlangt, geknuddelt zu werden.

Die Bedeutung der Stoppsignale ändert sich. Früher hieß ein solches Signal: »Hör damit auf«, »mach was anderes« oder »laß mich in Ruhe«. Jetzt könnte es auch heißen: »Mir gefällt nicht, was da vor sich geht«, oder »laß mir Zeit, die Sache zu überdenken«. Nach zwölf Monaten bedeuten Stoppsignale manchmal auch: »Laß mich das so machen, wie ich es will« oder »wenn ich nicht von selbst draufkomme, mach ich nicht mit, also bitte keine weiteren Vorschläge«.

Mit neun Monaten hat Ihr Baby gelernt, seine Gesichtsmuskeln spielerisch einzusetzen. Zum Beispiel wird es die Augenbrauen hochziehen, wenn es etwas fragen will, die Nase kräuseln, wenn es zu einem Flirt aufgelegt ist, oder Grimassen machen, wenn es lustig oder freundlich sein möchte.

Mit einem Jahr ist die Fähigkeit Ihres Babys zur Kommunikation ein großes Stück vorangekommen, wenn Sie auf die ersten Annäherungs- und Rückzugssignale zurückblicken. Gemeinsam haben Sie ein beiderseitig befriedigendes Signalsystem entwickelt. Sie haben bei Ihrem Kind die Grundlage für Sprachverständnis und Spracherwerb gelegt. Und wenn Sie hellhörig auf die Signale Ihres Babys achten, werden Sie gemeinsam mit ihm eine faszinierende Reise durch das ereignisreichste Jahr seines Lebens machen.

Die erhobenen Augenbrauen fragen: »Ist das in Ordnung?« Mit etwa neun Monaten wird Ihr Baby Ihren Blick suchen, um seine Entdeckungen zu teilen, Trost oder Sicherheit zu suchen. Der neun Monate alte Erik möchte wissen, ob etwas nicht stimmt, weil sein Spielzeug auseinandergefallen ist. Seine Lider und der geöffnete Mund zeigen, daß er entspannt ist – er wartet nur auf das »Okay« der Mutter.

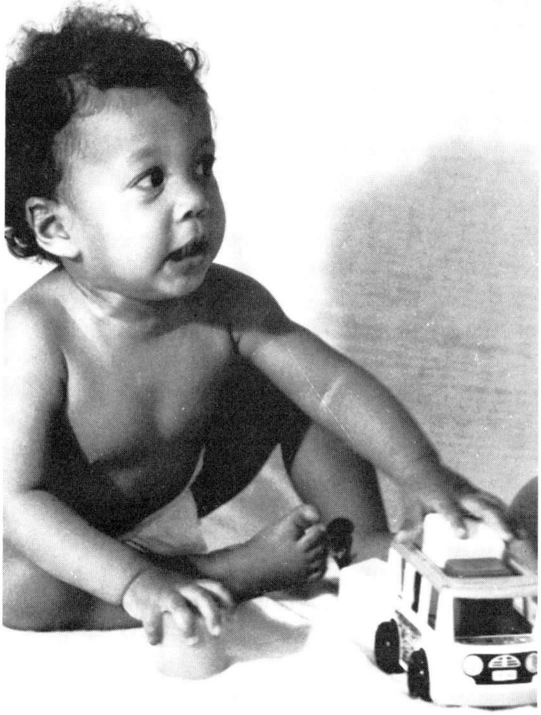

Die einjährige Nicole ist unsicher. Ihr Mund ist nach unten verzogen, die Augen sind weit geöffnet, so daß das Weiße sichtbar wird, der Kopf ist abgewandt. Sie schaut ihre Mutter an, um sich Bestätigung zu holen. Wenn Ihr Baby beginnt, auf solche Weise bei Ihnen Rückhalt zu suchen, haben Sie eine neue, aufregende Ebene der Kommunikation erreicht.

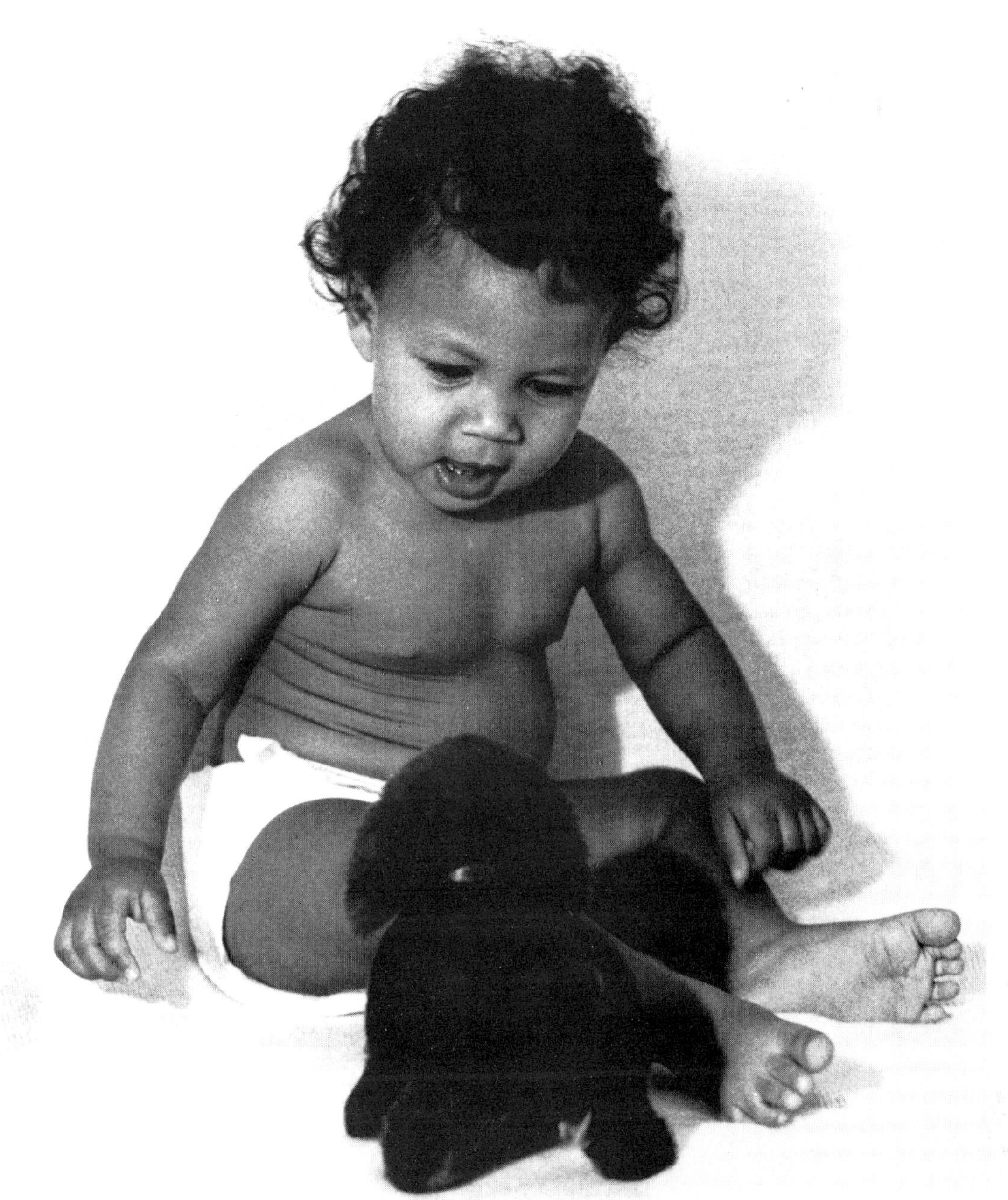

Nicoles vorsichtige Aufmerksamkeit schlägt in Überraschung, dann in Furcht um. Sie sucht Aufklärung bei ihrer Mutter, die sofort beginnt, sie zu beruhigen. Mit Hilfe der Mutter erholt sich Nicole rasch.

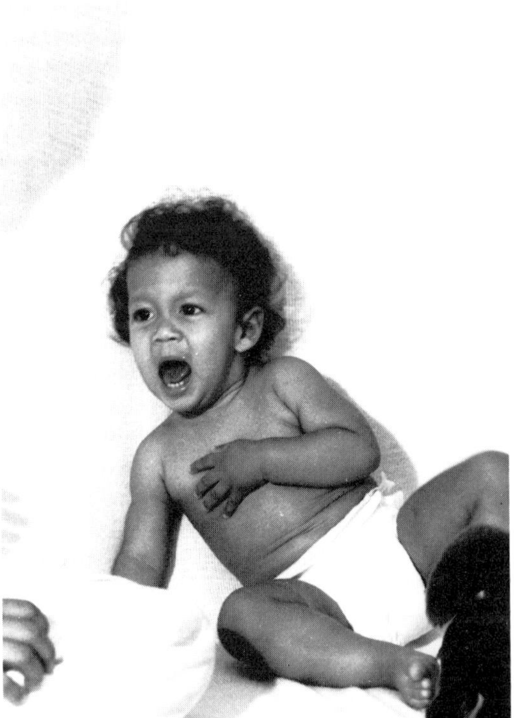
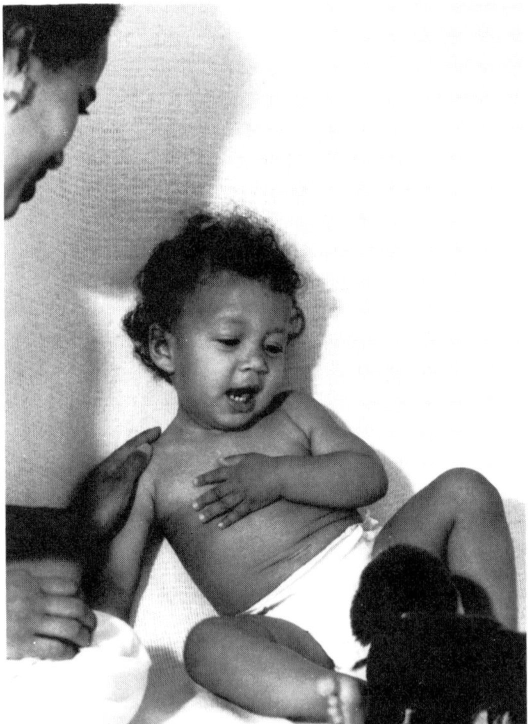

»Jetzt passiert gleich etwas Tolles.«

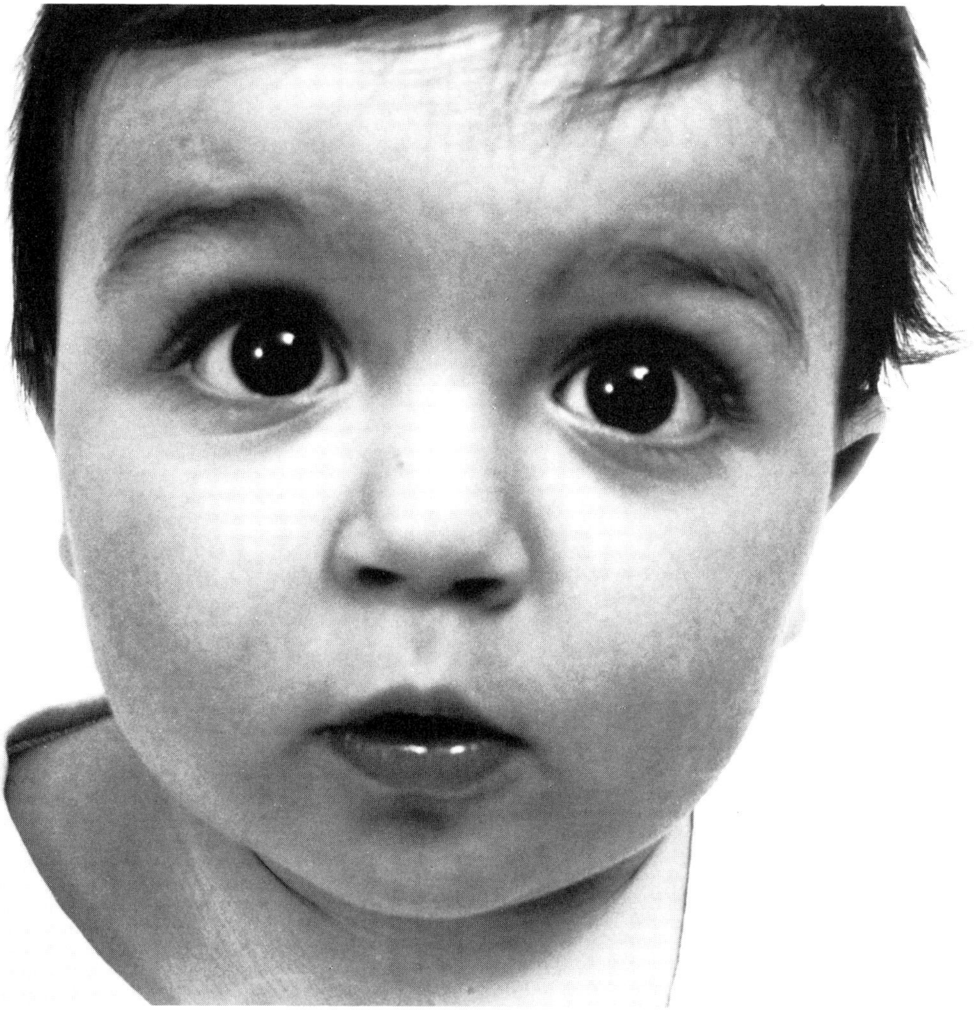

Weil ein älteres Baby bereits ein gewisses Erinnerungsvermögen besitzt, kann es nicht nur Interesse zeigen, sondern etwas Bekanntes voll Spannung erwarten. Aus vorangegangenen Erfahrungen schließt David, daß sich hier etwas Interessantes anbahnt. Sein Kopf neigt sich vor, die Brauen sind fragend erhoben. Die Augen sind riesengroß, aber entspannt, wie auch der leicht geöffnete Mund. Er ist ganz gespannte Erwartung.

»Den Hund möcht ich mir näher anschauen.«

Nach mehreren mäßig interessanten Spielzeugen erweist sich dieser Hund als der große Renner. Der zehn Monate alte Alexander reißt sofort die Arme hoch und öffnet die Hände zum Greifen. Sein breites Lächeln entspringt seiner Überzeugung, daß ihm der Hund gefallen wird. Der Vater verhält sich klug und überläßt es Alexander, den Hund selbst heranzuholen, anstatt ihn seinem Sohn vor die Nase zu setzen. Alexander packt den Hund und beugt sich hinunter, um ihn zu erforschen. Weil der Vater Alexander seine Neugier selbst befriedigen läßt und ihm nicht seine Erwachsenenperspektive aufdrängt, hilft er ihm, durch sein eigenes Tun Selbstvertrauen aufzubauen. Es ist einfach, den Forscherdrang eines Kindes zu unterstützen und ihm zu helfen, Faszinierendes in seiner Umwelt zu entdecken.

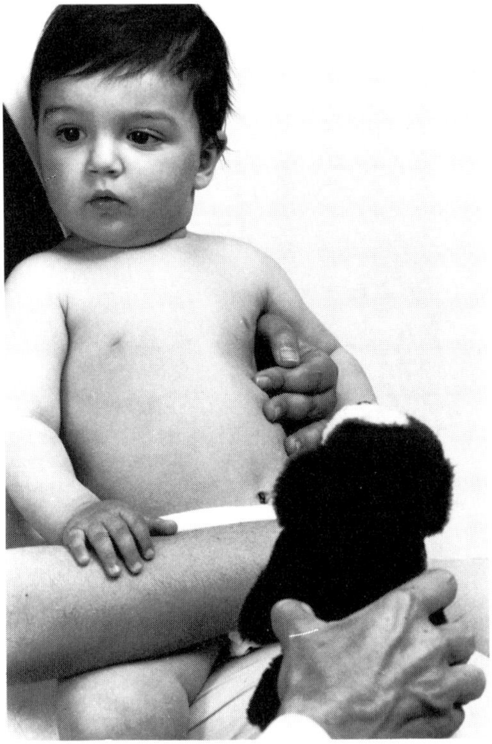

Langeweile ist ein neues Gefühl, das Sie nach neun Monaten beobachten werden. Die Augen dieser Babys sind matt und starren ins Leere. Sie machen einen schläfrigen und teilnahmslosen Eindruck. Die Backen sind schlaff, wie auch der ganze Oberkörper. Wenn Ihr Kind gelangweilt aussieht, sollten Sie abwarten und beobachten, ob es sich selbst aus diesem Zustand befreien kann. Nach ein paar Minuten könnten Sie ein bis zwei Aktivitäten vorschlagen.

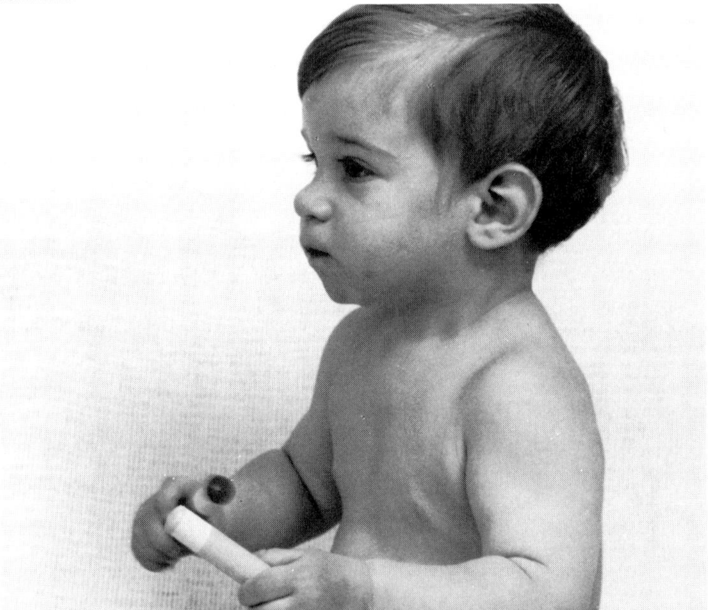

»Ich warte, daß was passiert.«

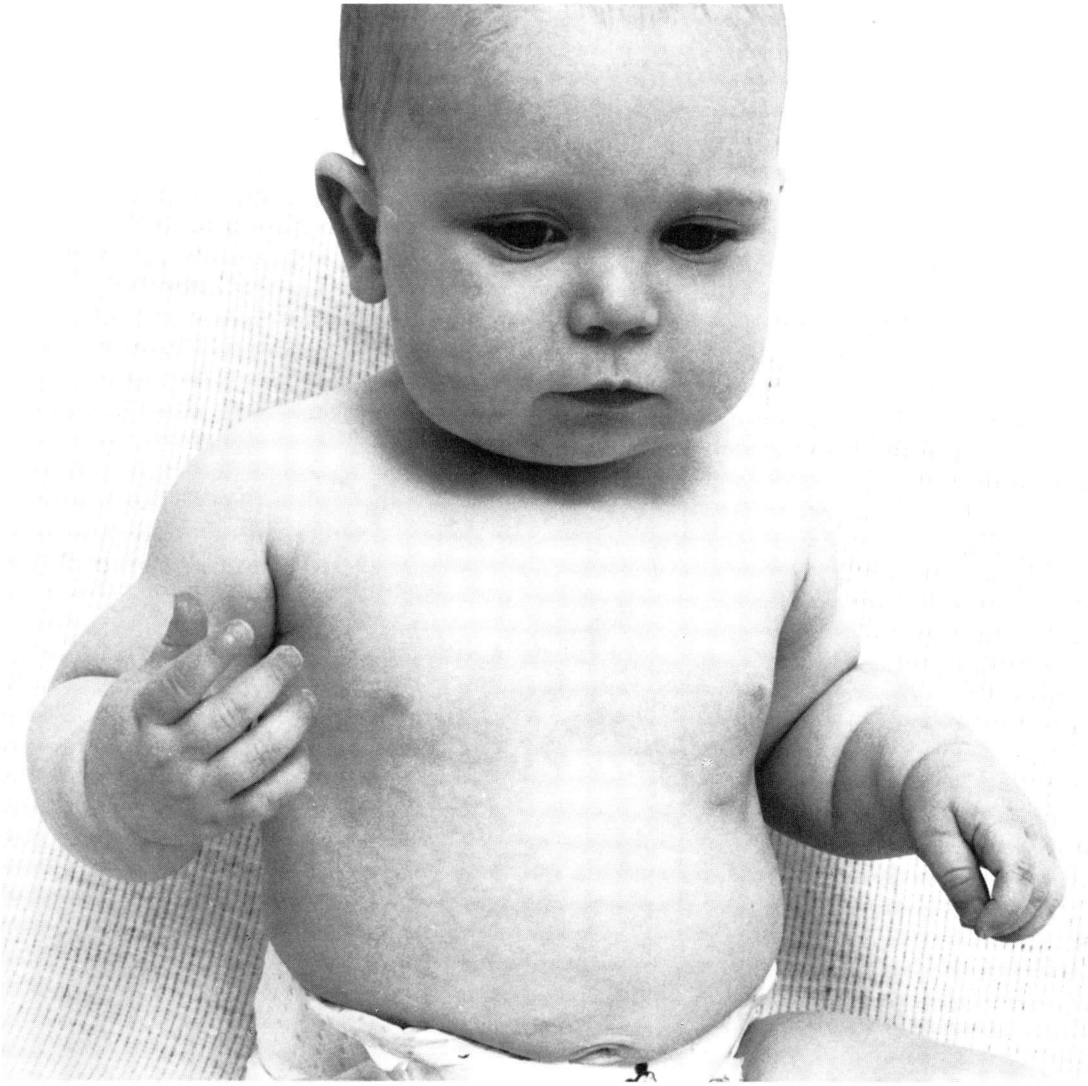

Die Stimmung der sieben Monate alten Sophie grenzt an Langeweile. Während sie stumm ein Spielzeug betrachtet, wirkt sie schläfrig, ihre Augen blicken stumpf. Die rechte Hand spiegelt ein wenig Interesse, die linke jedoch nicht. Die Lebensgeister haben sich bei diesem Baby gerade ein wenig zurückgezogen.

»Das sieht ja verdächtig aus.«

Nach sechs Monaten beginnt Ihr Baby vielleicht, Mißtrauen gegenüber unbekannten Objekten und Menschen zu entwickeln. Es zögert und nimmt sich Zeit, Fremdes erst einmal zu studieren. Die Hände der sieben Monate alten Sophie verraten ihre gemischten Gefühle: Die linke Hand macht sich bereit, nach dem Spielzeug zu greifen, während die rechte Hand sich zurückzieht. Die zusammengezogenen Augenbrauen und die schlaffe Unterlippe verraten ihre zurückhaltende Vorsicht.

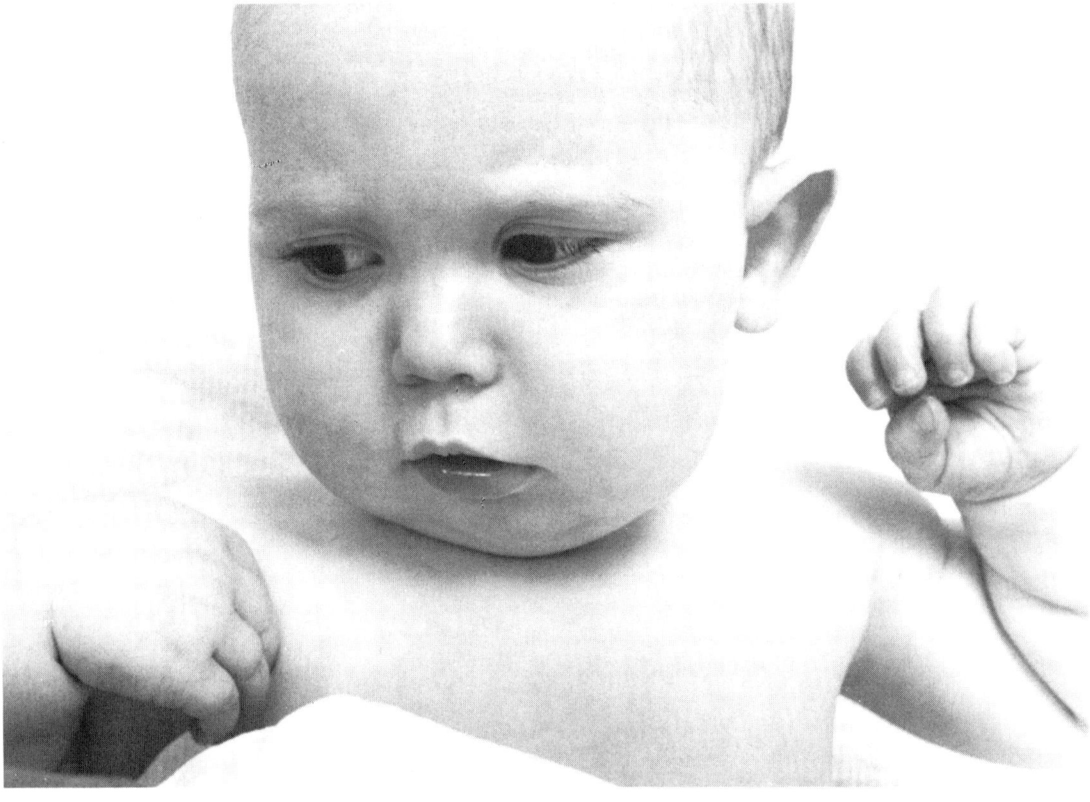

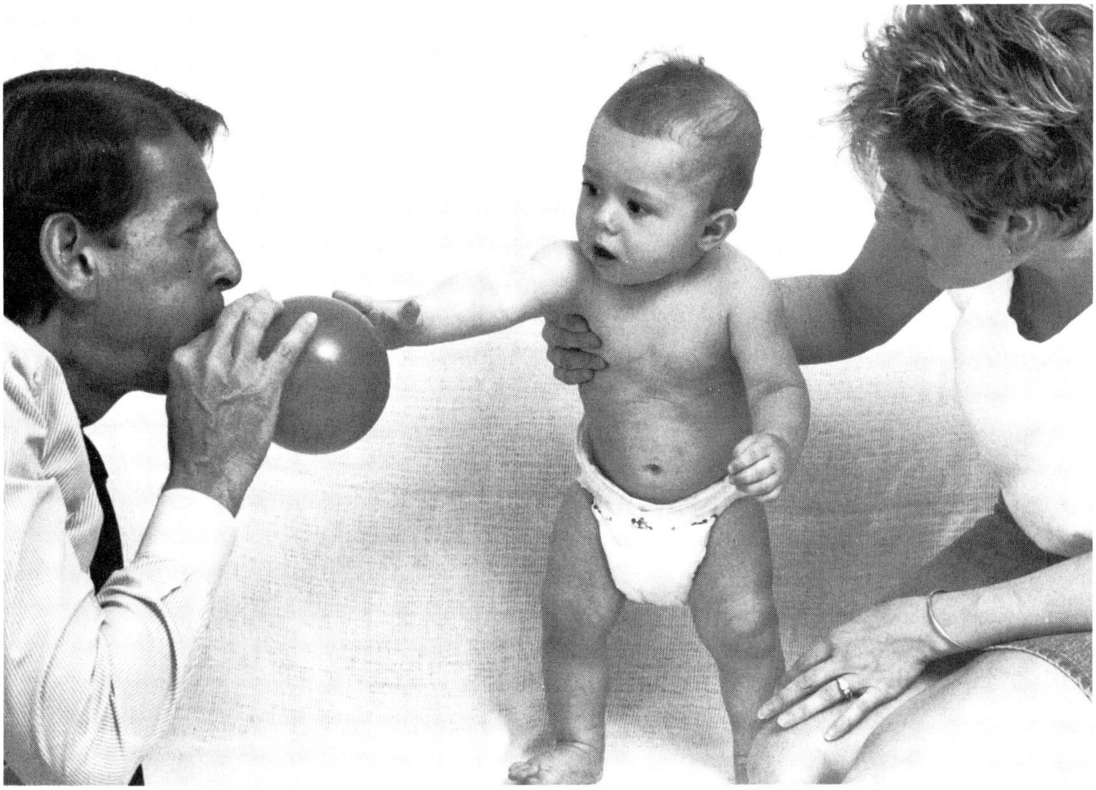

Das Interesse des elf Monate alten Stefan an dem Luftballon, das in seinem ausgestreckten rechten Arm zum Ausdruck kommt, siegt über seine Vorsicht, obwohl seine Augenbrauen immer noch zusammengezogen sind und sich der linke Arm noch zurückhält. Zeigt sich Ihr Baby mißtrauisch, geben Sie ihm Zeit, seine Gefühle in den Griff zu bekommen.

»Gefällt mir das Äffchen oder nicht?«

David ist nicht sicher, ob er das Äffchen mag, bevor ihn seine Mutter davon überzeugt, daß es harmlos ist. Sein anfängliches Mißtrauen zeigt sich durch seine abgewandten Augen, die erhobenen Augenbrauen, die angespannte, skeptische Oberlippe und die nach unten verzogenen Mundwinkel.

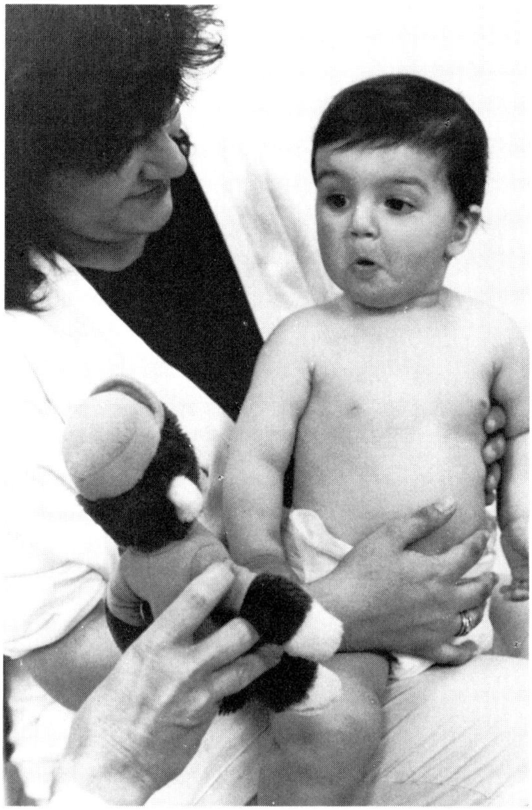

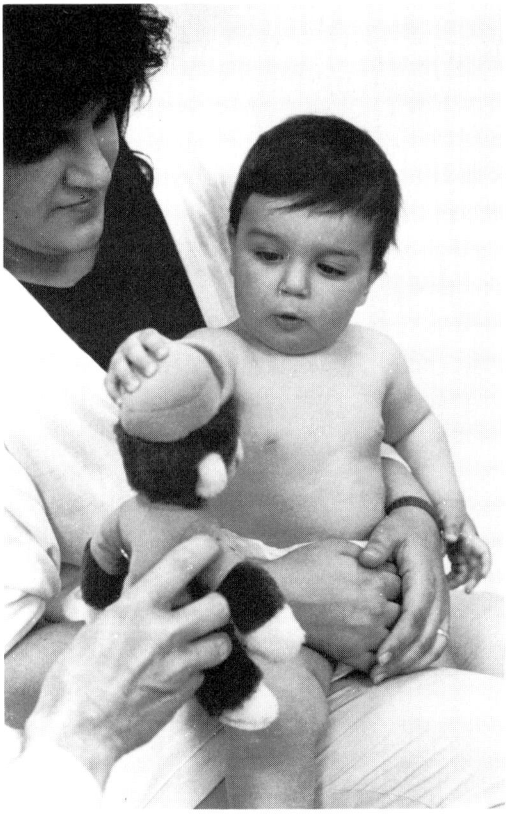

Als er zu dem Schluß kommt, er könne ruhig die Hand ausstrecken und das Spielzeug anfassen, entspannt sich sein Gesicht, vor allem die Augenbrauen, Lippen und Lider. Er lächelt leise. Die behutsame Ermutigung der Mutter, die lächelnd mit ihm spricht und das Äffchen bewegt, hilft David, Vertrauen zu gewinnen.

»Ich bin gerade schüchtern.«

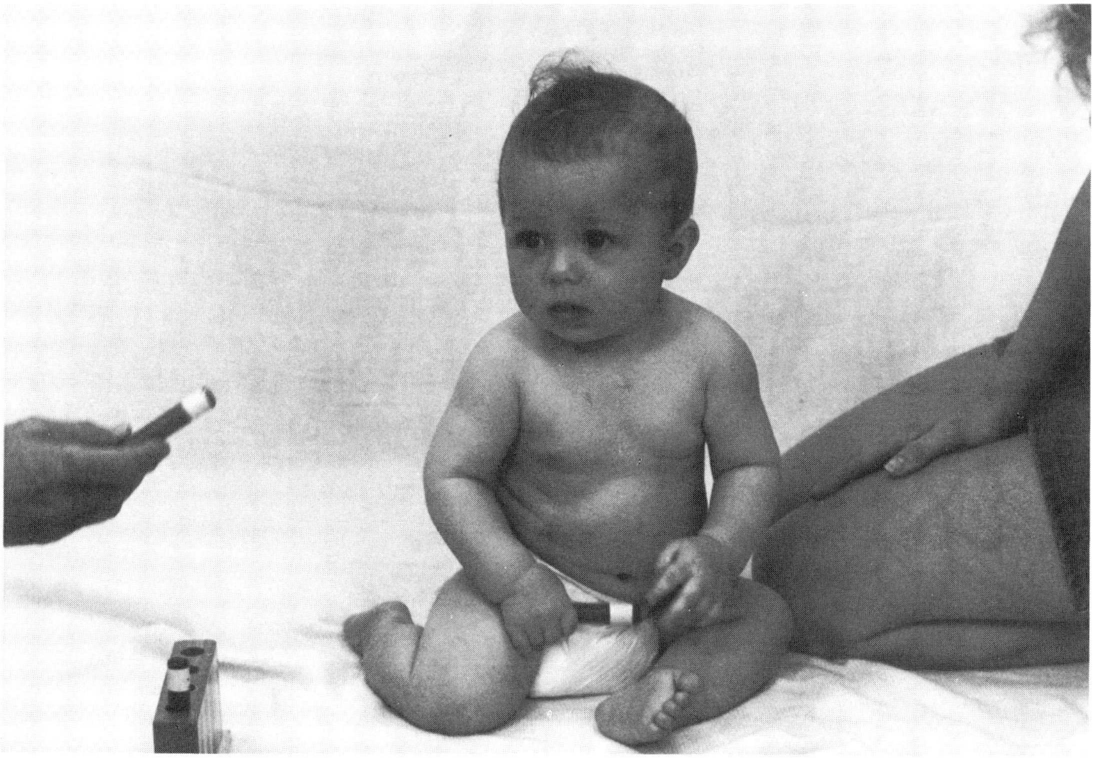

Wenn Ihr Baby mit sechs bis sieben Monaten erkennt, daß es eine eigenständige Person ist, kann es bei Fremden die ersten Anzeichen von Schüchternheit zeigen. Als ich Stefan ein Spielzeug anbot, schien er sich in sich selbst zurückzuziehen. Er drehte den Körper weg, zog das Kinn ein und streckte die Zunge und Unterlippe vor – Signale, daß er nicht ansprechbar ist.

Andere Babys zeigen ihre Schüchternheit durch ein Abwenden der Augen und ein Senken des Kopfes. Stefans Mutter kann ihm helfen, seine Scheu zu überwinden, wenn sie das Spielzeug nimmt, sein Interesse daran weckt und es dann dem Fremden zurückgibt. Jetzt kann der Fremde versuchen, es noch einmal anzubieten. Wenn Ihr Baby fremdelt, können Sie ihm helfen, wenn Sie selbst mit dem Fremden spielen, zum Beispiel ihm einen Ball zurollen oder ihm Perlen zum Auffädeln anbieten. Fremde müssen sich langsam bewegen und sich dem Kind nicht zu rasch nähern. Sie sollten den ersten Schritt der Annäherung dem Baby überlassen.

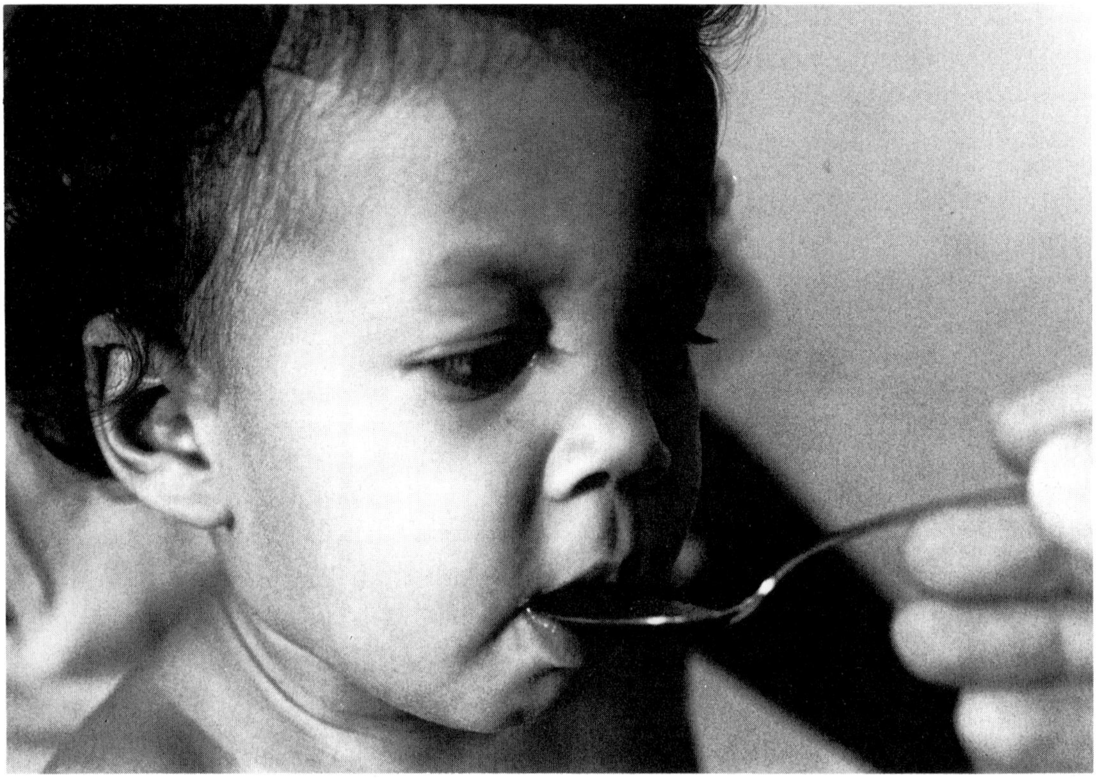

Mit einem Jahr haben Babys gelernt, daß Mißtrauen manchmal sehr berechtigt ist, weil Erlebnisse durchaus in einer Enttäuschung enden können. Nicoles zusammengezogene Augenbrauen verraten, daß sie den Löffelinhalt mit Skepsis betrachtet.

Als sich herausstellt, daß ihr die Kostprobe gar nicht schmeckt, zieht sie die Augenbrauen noch tiefer nach unten. Sie runzelt die Stirn, schiebt die Unterlippe vor und rümpft angewidert die Nase.

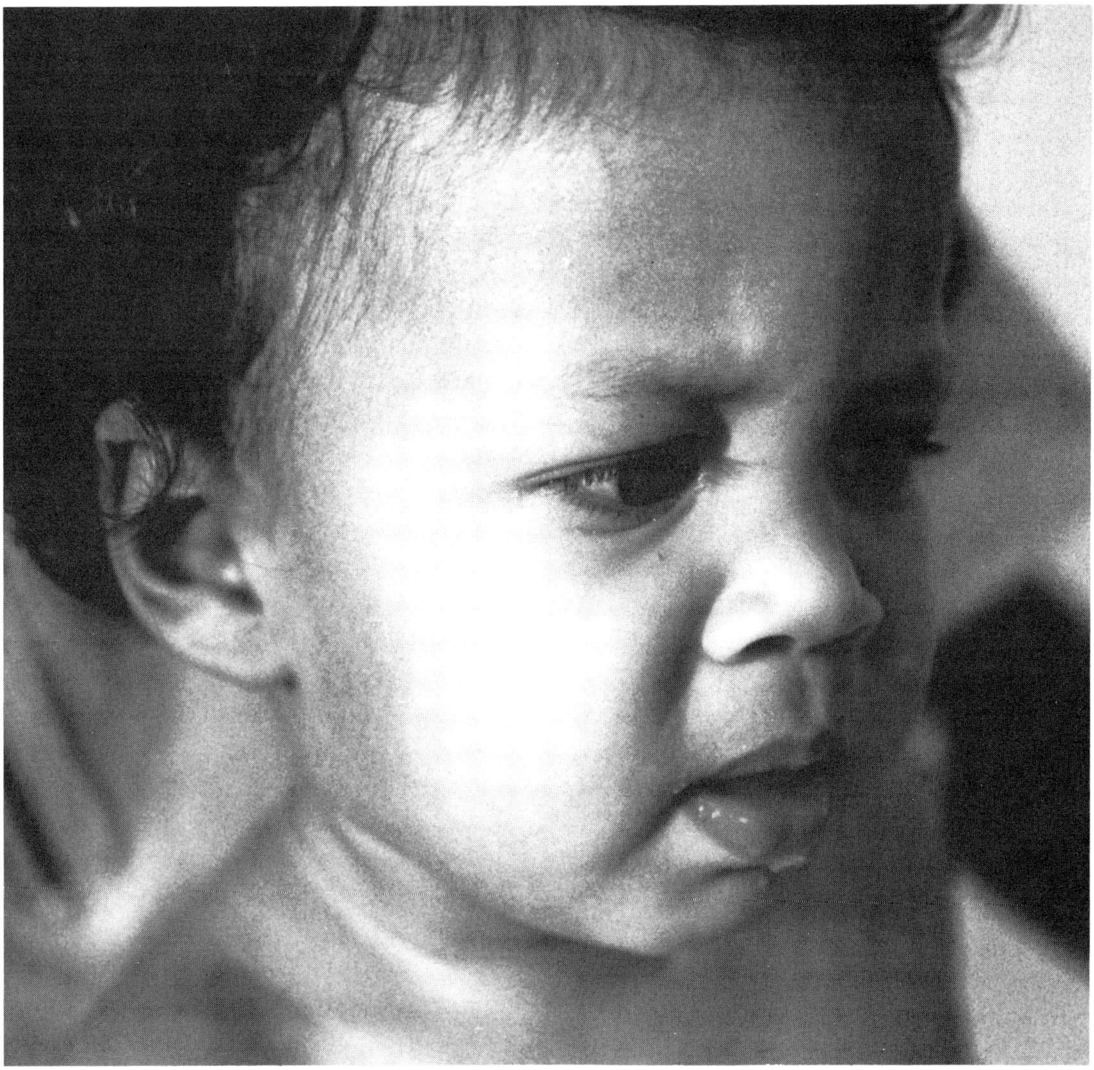

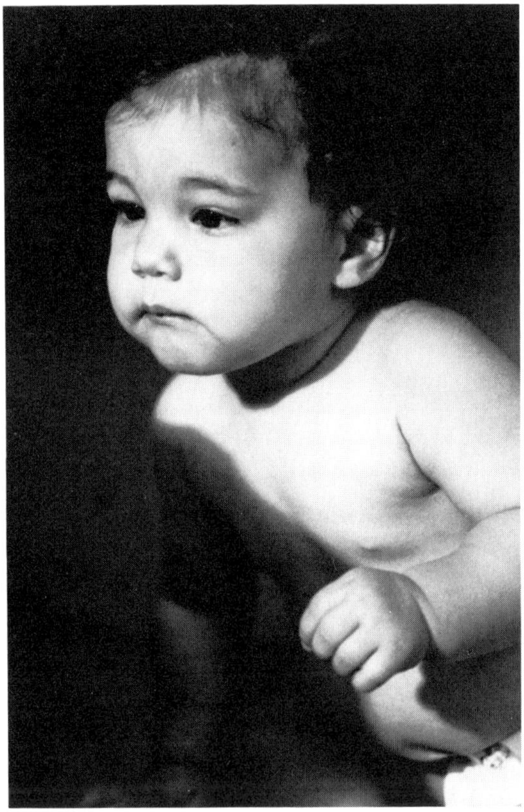

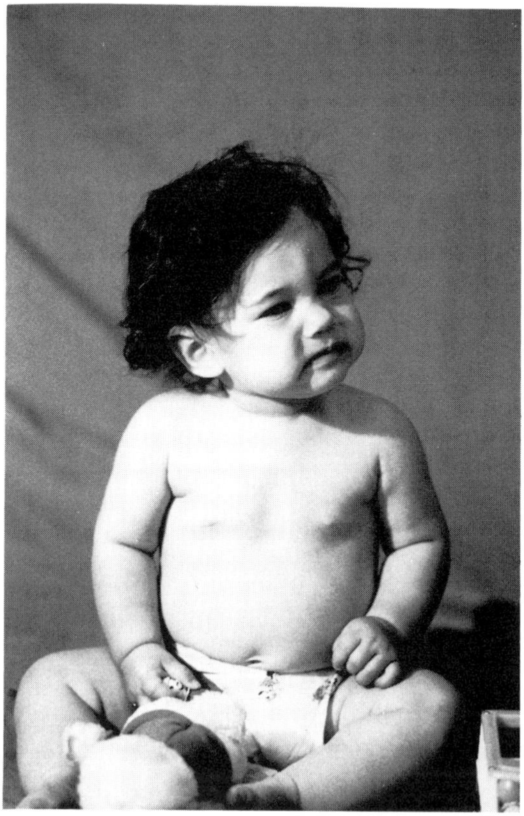

Die neun Monate alte Natalie ist verdrießlich, eine komplexe Gefühlslage, die ab diesem Zeitpunkt zu beobachten ist. Hinweise sind nach unten gezogene Mundwinkel, erhobene Augenbrauen und hängende Bäckchen. Die üble Laune setzt sich zum Teil aus Angewidertsein zusammen, worauf die gerümpfte Nase und die hochgezogene Oberlippe hindeuten, zum Teil aus zorniger Unzufriedenheit, wie an den geballten Fäusten zu sehen ist. Schlechte Laune läßt sich fast unmöglich mißverstehen, weil sie sich meist in nervendem Gequengel Luft macht.

Als Natalies schlechte Laune keine Beachtung findet, steigert sie sich zu erregtem Zorn. Natalie verlangt nach der Aufmerksamkeit der Mutter, indem sie schreit, die Hand ausstreckt und den Kopf zurückwirft. Sie hat eine Ablenkung oder einen mitfühlenden Gefährten für ihr Unbehagen nötig. Keiner mag übelgelaunte Kinder – doch es hilft Ihnen vielleicht zu wissen, daß Ihr Baby ausschließlich nach Aufmerksamkeit vom meistgeliebten Menschen verlangt: von Ihnen. Eine Methode, Ihrem Kind über diesen Zustand wirkungsvoll hinwegzuhelfen, ist das Einsteigen auf seine schlechte Laune im Rollenspiel. Zeigen Sie ihm eine mißgelaunte Puppe und erfinden Sie eine Geschichte, in der Sie ihm vorführen, wie die Puppe sich von ihrem Unbehagen befreit.

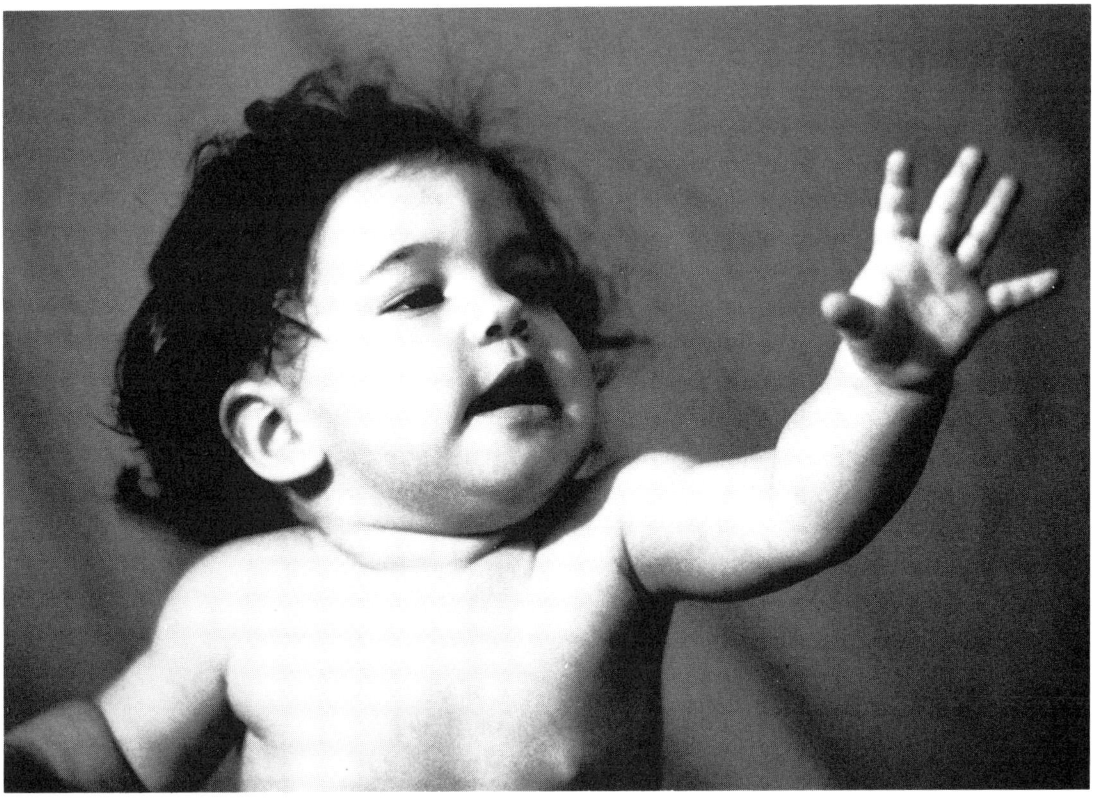

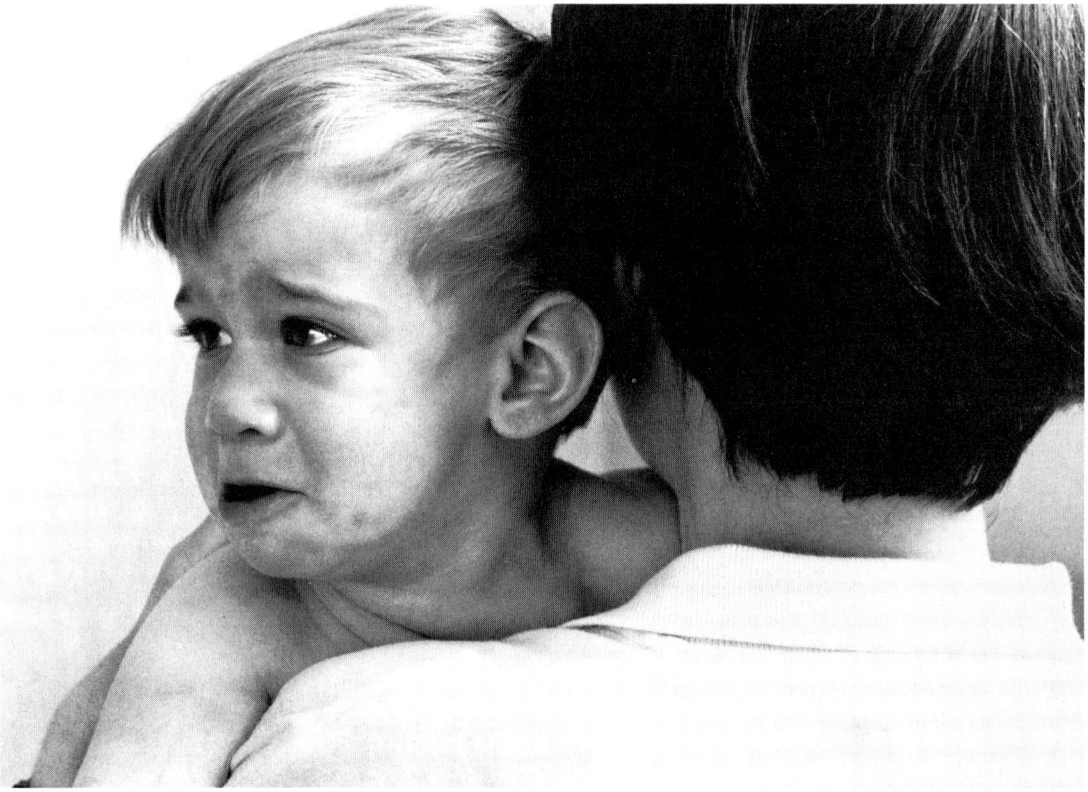

Hier sind zwei weitere schlechtgelaunte Babys. Alexanders Gesicht zeigt die klassischen Anzeichen dafür: erhobene Augenbrauen, heruntergezogene Mundwinkel und hängende Bäckchen. Außerdem beginnt die Unterlippe zu zittern.

Nicole führt eine neue Variante vor: Sie windet sich; dazu schreit sie auch noch und verzieht das Gesicht. Es hilft zum Teil, wenn Sie dabei einfach Ruhe bewahren. Ablenkungsversuche werden wenig Erfolg haben. Am besten führen Sie Ihrem Baby vor, wie Sie Ihre eigene schlechte Laune überwinden. Beweisen Sie Humor, wenn Sie enttäuscht sind, konzentrieren Sie sich auf das Positive, wobei Sie gleichzeitig zugeben, daß Sie sich ärgern – so bahnen Sie Ihrem Kind den Weg zu akzeptablem Verhalten.

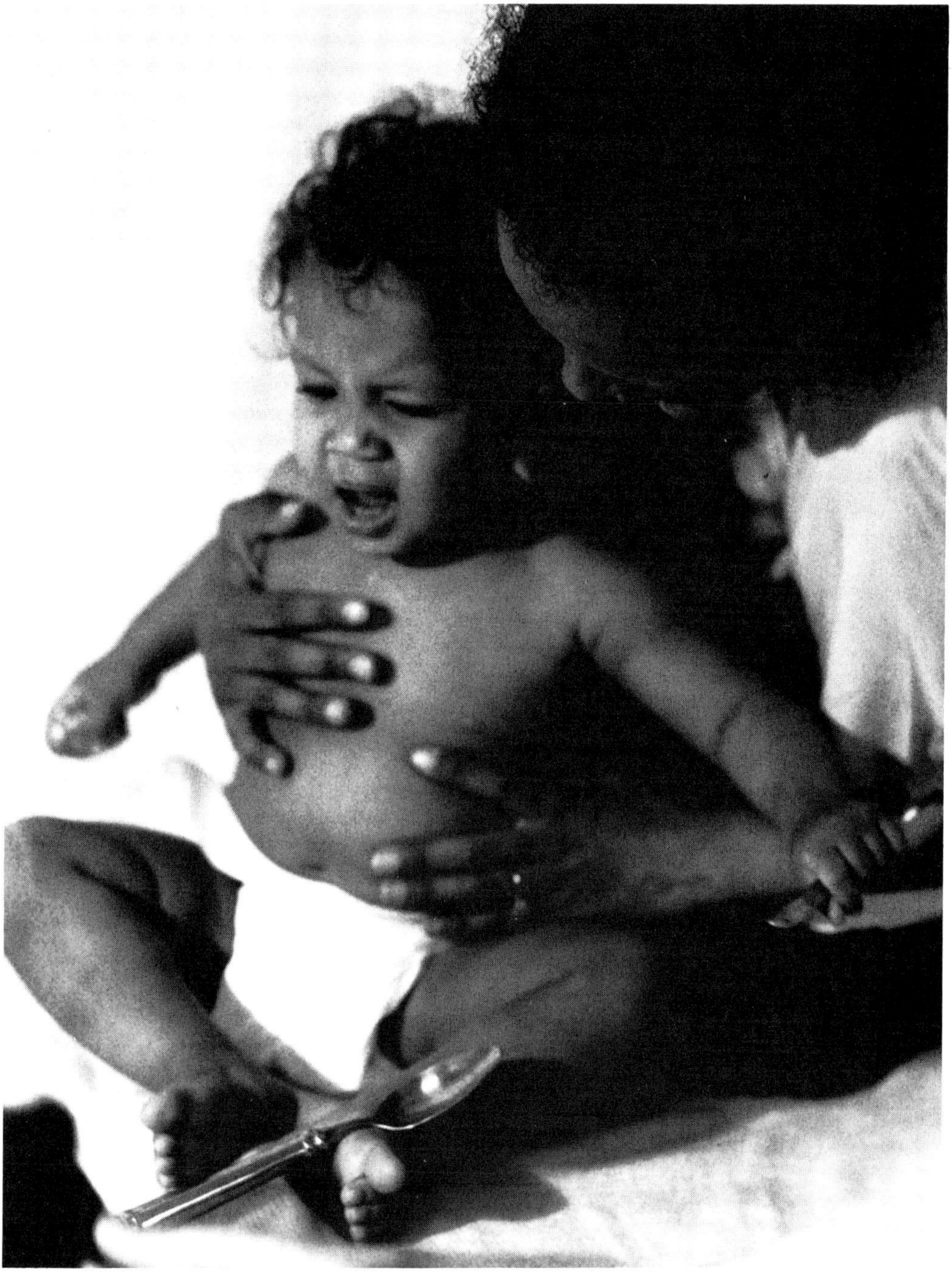

»Das Gehopse und Gebell wird mir zuviel.«

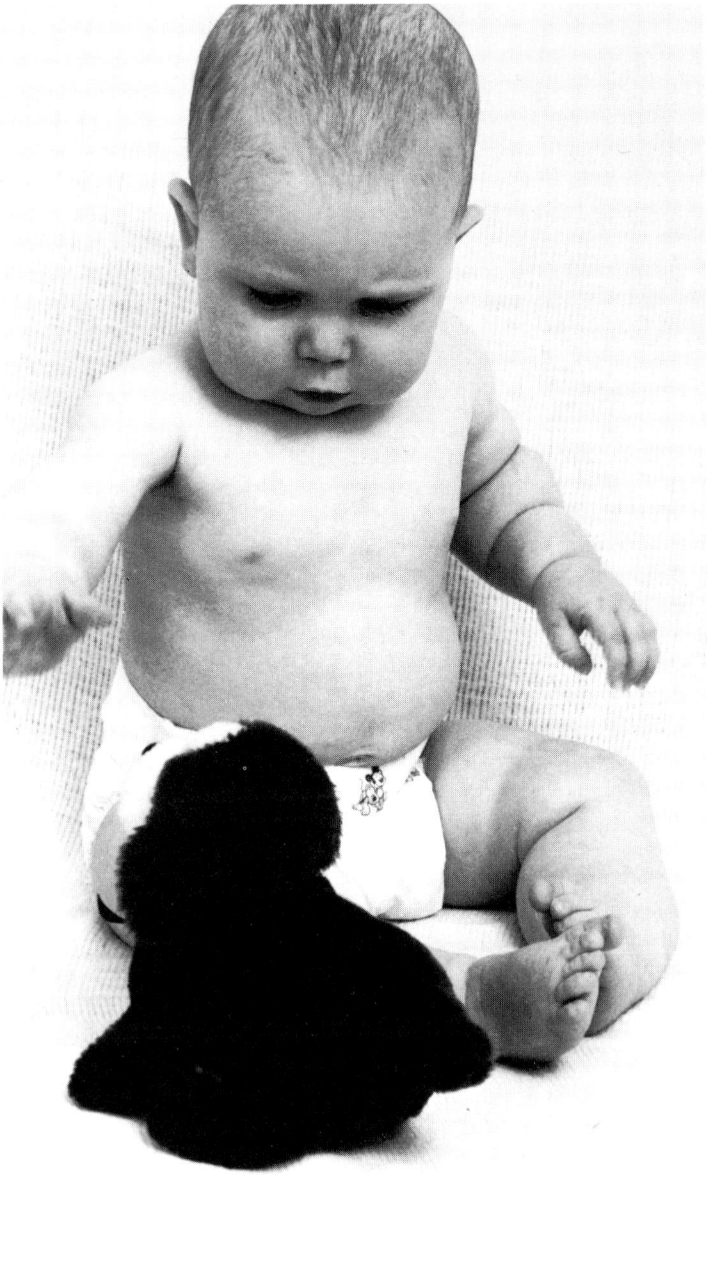

Sophie betrachtet den Hund von Anfang an mit Mißtrauen, und als er plötzlich auch noch zu bellen und zu wackeln beginnt, niest sie, um sich schnell gegen den Lärm und die hektischen Bewegungen abzuschotten. Sie zieht auch die Schultern zurück. Ältere Babys senden dieselben Rückzugssignale aus wie jüngere, aber sie brauchen jetzt häufig nur einen Augenblick Ruhe, ohne sich völlig zurückziehen zu müssen.

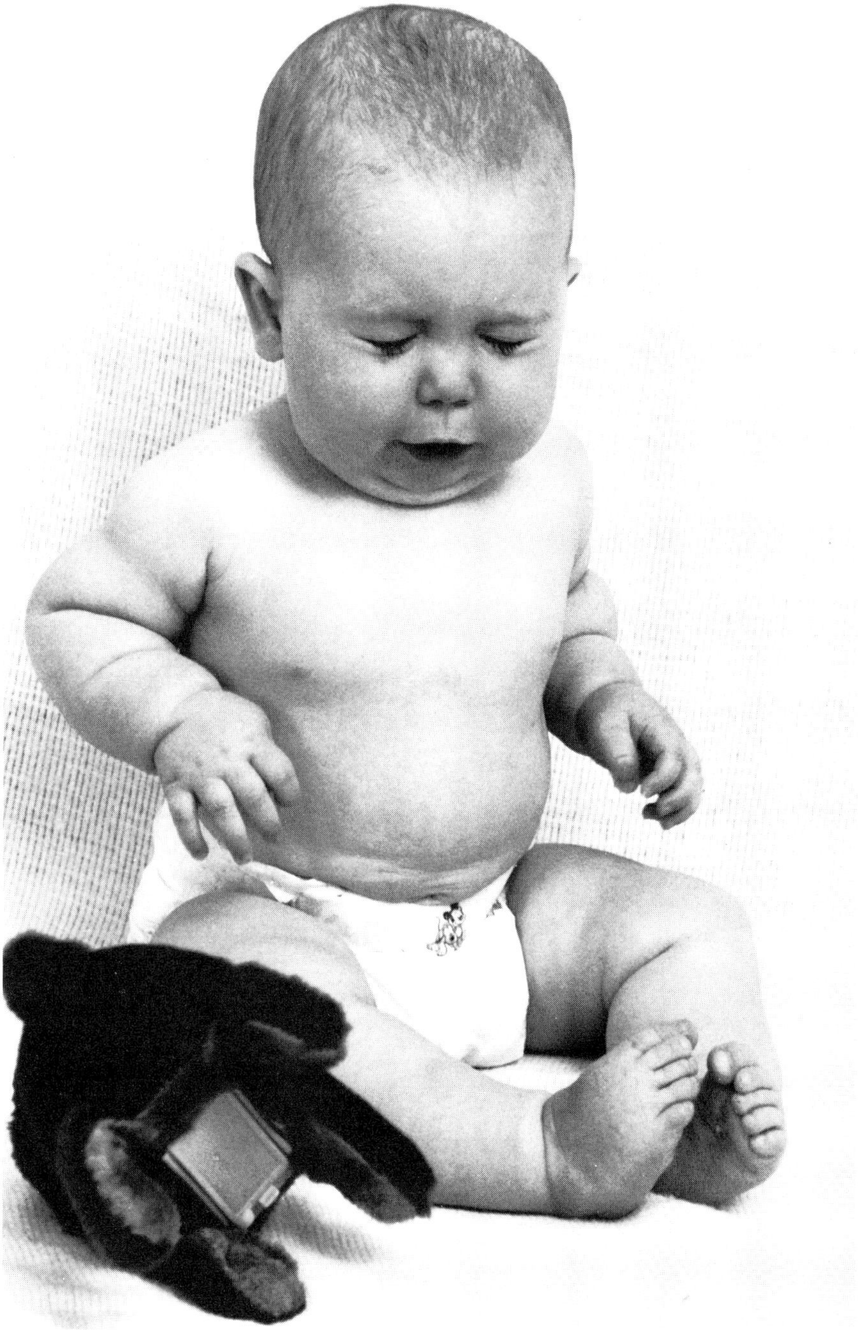

»Aber ich mag jetzt gerade nicht schmusen.«

Eriks Vater buhlt um ein Küßchen. Erst blickt der neun Monate alte Junge einfach desinteressiert; sein Gesicht wirkt neutral und nüchtern. Doch die Augenbrauen beginnen, sich zusammenzuziehen, und signalisieren Abneigung.

Dann drückt sich Erik tatsächlich vom Vater weg, ein starkes Signal, daß er nicht zum Schmusen aufgelegt ist.

Mit fortschreitendem Alter ähneln die Rückzugssignale eines Babys immer mehr denen eines Erwachsenen. Natalie schüttelt verneinend den Kopf und verschränkt in einer dramatischen Geste die Arme, um dem Löffel den Weg zu versperren. Weitere Stoppsignale sind der zusammengekniffene Mund, der gesenkte Kopf, die schlaffen Backen. Etwa mit neun Monaten zeigen die meisten Babys ihre Verweigerung durch Kopfschütteln und fest geschlossene Lippen. Dieses Signal heißt zum Teil: »Hör auf damit, das gefällt mir nicht«, aber auch »gib mir die Zeit und Möglichkeit, es selbst so zu machen, wie ich es will«. Wenn Ihr Kind »Nein« sagt, können Sie folgendes Verhalten zeigen: »Ich wußte nicht, daß du deine eigenen Vorstellungen darüber hattest – zeig mir, wie ich es machen soll, damit es dir gefällt.« Und falls Sie Ihrem Baby nachgeben können, sagen Sie anschließend: »Dieses Mal habe ich mich nach deinem Willen gerichtet, vielleicht machst du das nächste Mal, was ich gern möchte – immer abwechselnd.« Sie können sich jetzt schon entsprechend verhalten; im Lauf der nächsten Jahre wird Ihr Kind auch Ihre Worte verstehen.

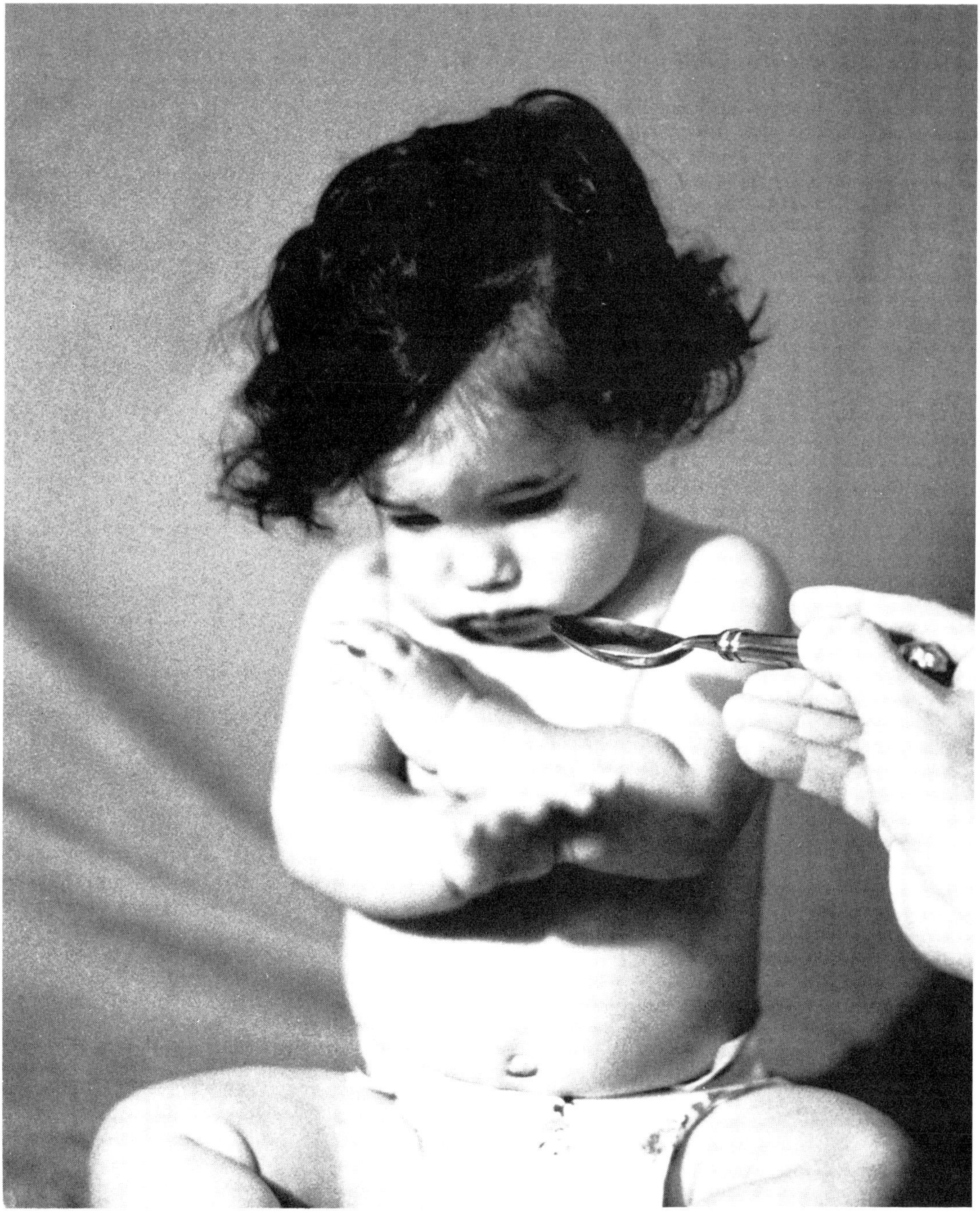

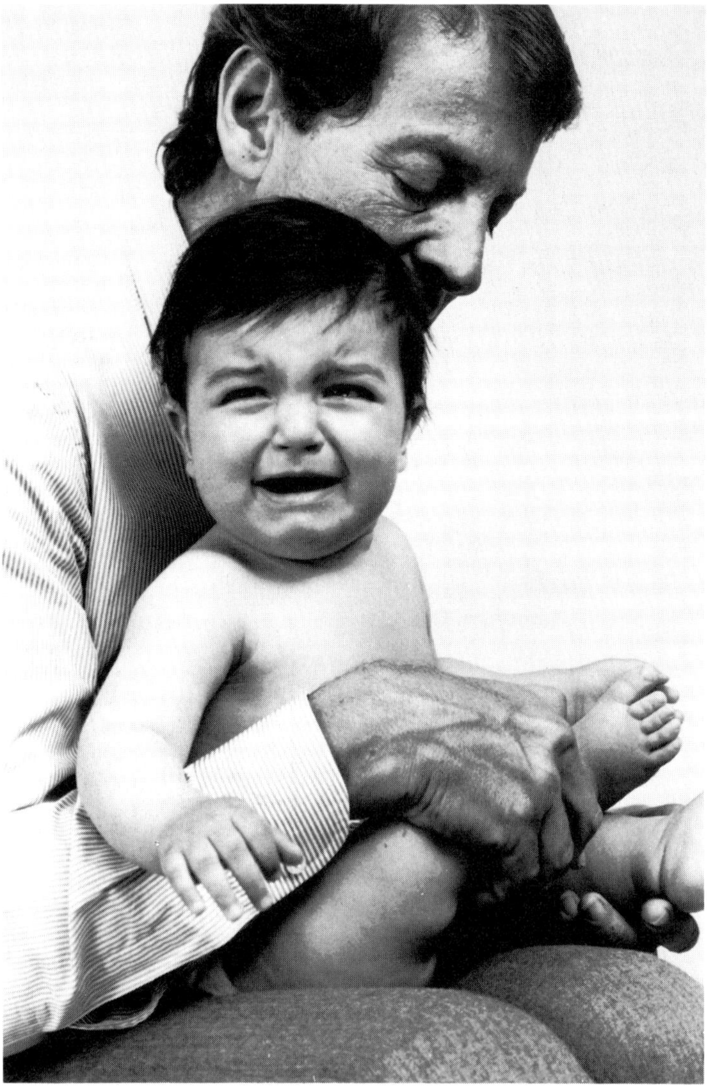

Zusammengezogene Augenbrauen zeigen den Zorn dieser Babys. Als ich versuche, Davids Fuß festzuhalten, wendet er Augen und Kopf ab.

Natalie zieht die Schultern hoch und legt die Nase in Falten. Babys haben oft handfeste Gründe für ihre Unzufriedenheit, auch wenn sie uns Erwachsenen nicht gleich auffallen. Anstatt den Ärger noch zu verschlimmern und das Kind für seinen Wutausbruch zu kritisieren oder es mit »Psch!« zum Schweigen bringen zu wollen, sollten wir uns lieber bemühen herauszufinden, was passiert ist.

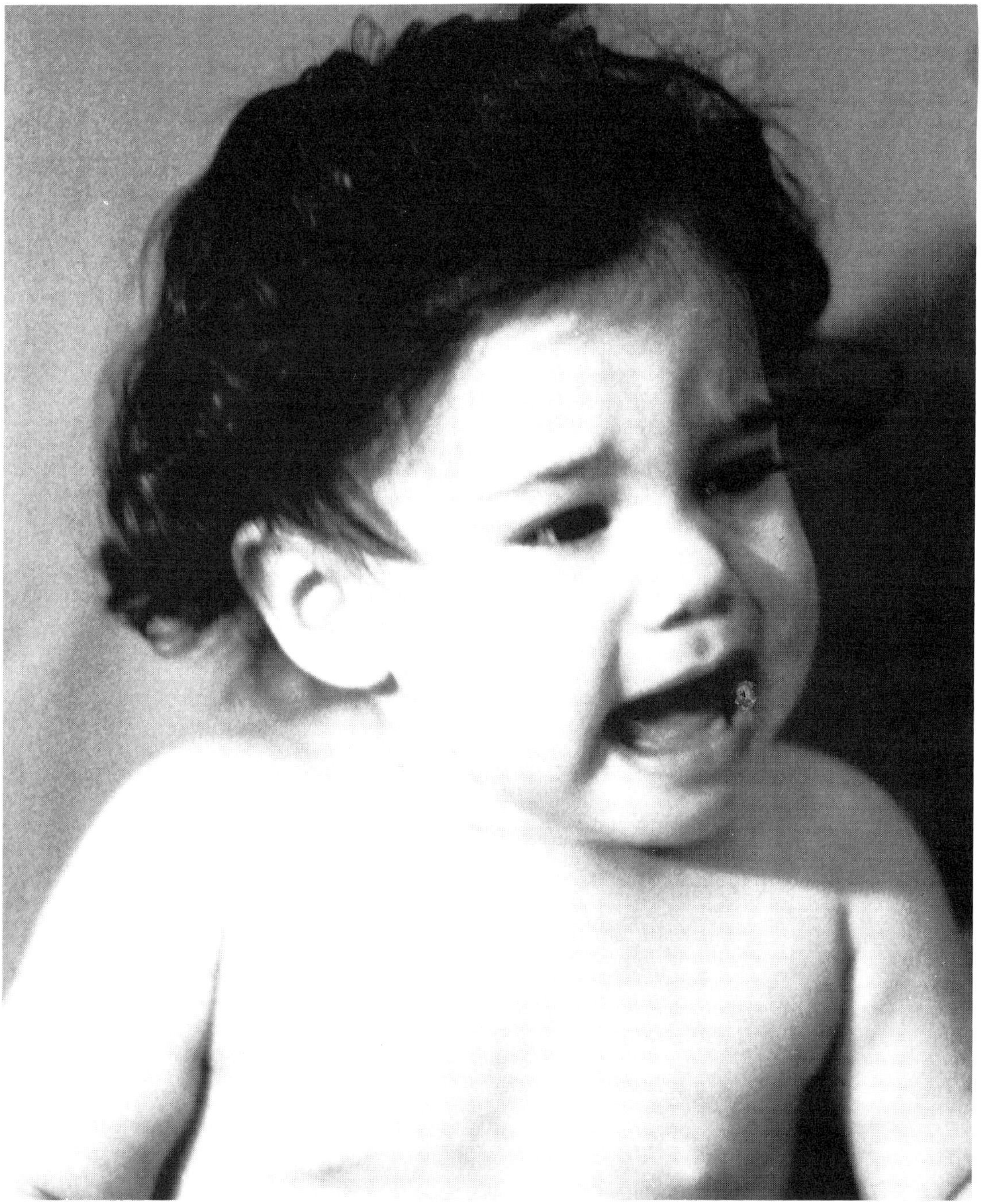

Beim Toben mit dem Vater sind Spaß und Angst nicht weit voneinander entfernt. Die Grenze wird leicht überschritten. Alexanders nach hinten durchgestreckter Rücken ist ein starker Hinweis auf seine Angst, ebenso die angezogenen Arme, die erhobenen Augenbrauen und die geschlossenen Finger.

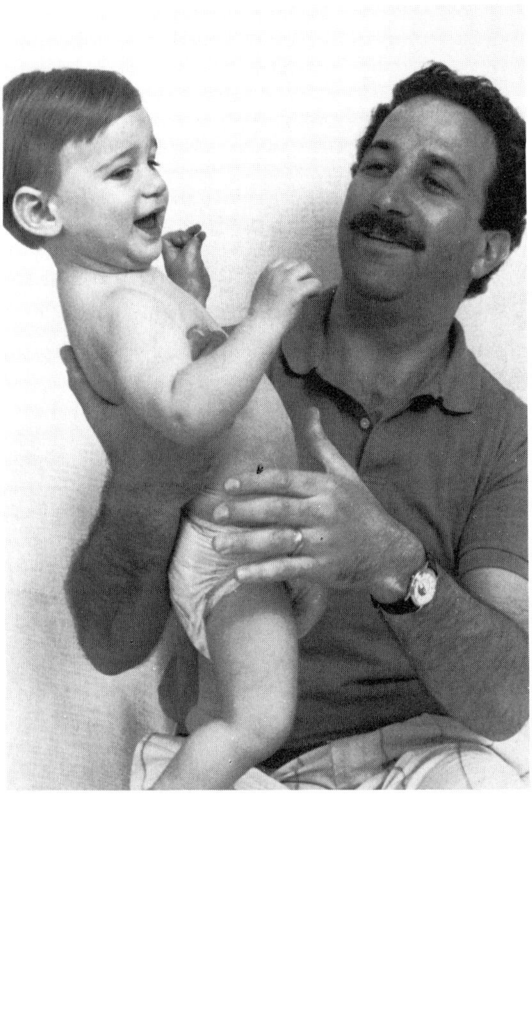

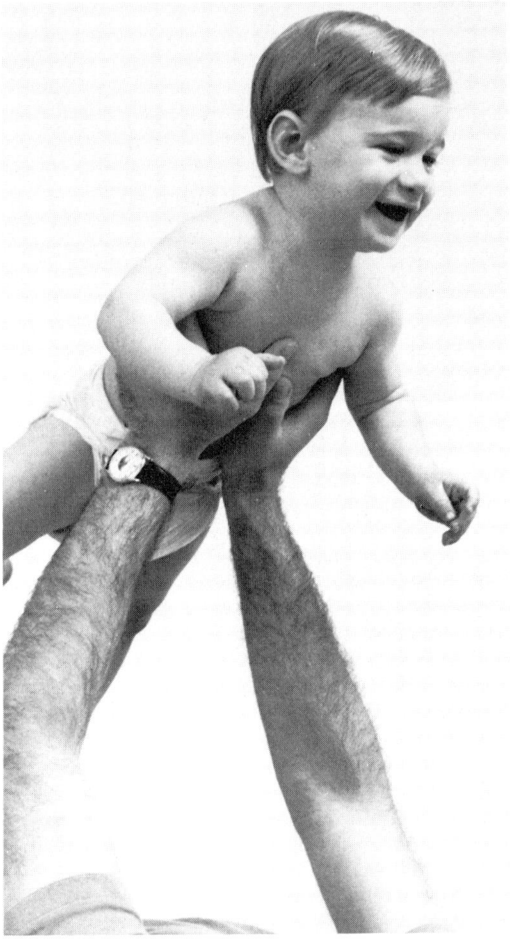

Als der Vater ihn hoch über seinen Kopf hält, lacht Alexander. Aber im nächsten Augenblick geht das Spiel zu weit und er fürchtet sich. Das Lächeln hört auf, die Augenbrauen ziehen sich zusammen, fast kommen schon die Tränen. Halten Sie bei rauhen Spielen immer danach Ausschau, ob sich unter das Gekicher Ihres Babys nicht Anzeichen von Furcht mischen.

»Ich bin sicher, ich fall' da gleich runter.«

Nicole spreizt ängstlich die Arme ab. Der steife Körper, die weit geöffneten Augen, in denen das Weiße hervortritt, und die gesenkten Augenbrauen zeigen, daß sie Angst davor hat, so hoch oben auf dem wackligen Schaukelpferd zu sitzen. Ihre Zunge zeigt ihre Abneigung. Doch ihr Gesicht bleibt sachlich und verrät keine Panik, während sie auf das Signal ihrer Mutter wartet, daß alles in Ordnung ist. In diesen Monaten erweitert sich das Gefühl der Angst zu vorausblickender Besorgnis, weil sich ein Baby an vorangegangene Schrecken erinnern kann. Nicoles Eltern könnten versuchen, ein niedrigeres oder weniger aufregendes Schaukelspielzeug auszuleihen, damit sich Nicole an das Gefühl gewöhnt. Besorgtheit in Vertrauen zu verwandeln, ist für alle Eltern eine besondere Freude.

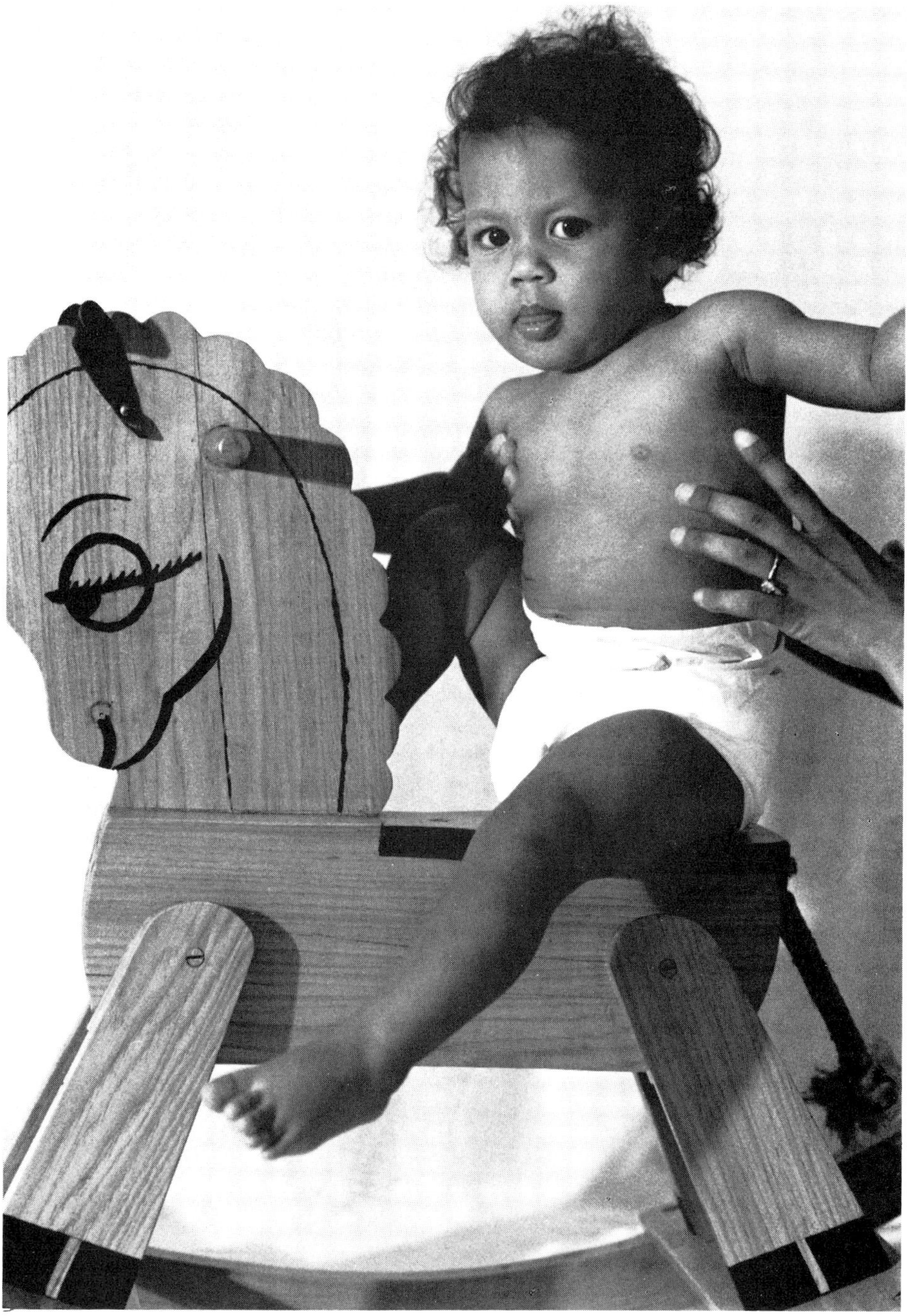

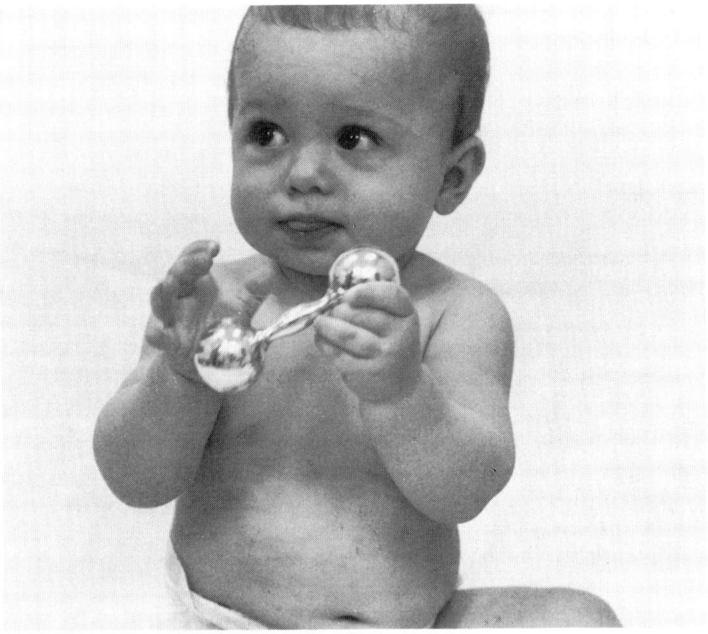

Ein weiteres neues Verhalten, das Ihr Baby jetzt zeigt, ist Schüchternheit – eine Scheu, sich eindeutig für etwas zu engagieren, bevor Sie Ihre Zustimmung zeigen. Daß einem Baby eine Rassel gefällt, ist ein Ding der Selbstverständlichkeit, doch Stefan streckt in gespielter Ablehnung seine Zunge heraus und heischt um Ermutigung.

Um die Aufmerksamkeit der Mutter auf sich zu lenken, tut Sophie so, als sei etwas nicht in Ordnung: Sie streckt die Zunge heraus und schiebt die Unterlippe vor.

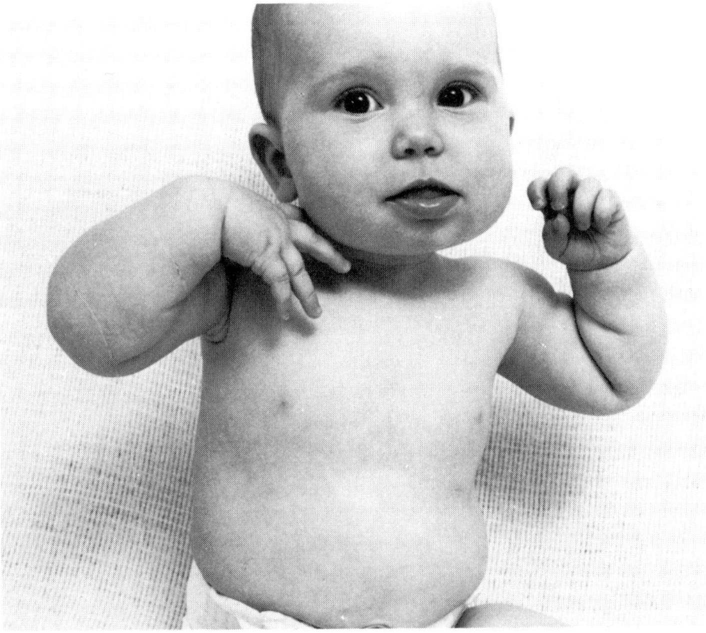

Eine eingesaugte Unterlippe bedeutet gewöhnlich Ablehnung. Doch Nicoles strahlendes, spitzbübisches Gesicht zeigt, daß sie die Grimasse nur der Mutter wegen macht, damit sie sie ermutigt, mit den Bauklötzchen zu spielen. Die Einjährige arbeitet mit Tricks. Die Kinder werden zunehmend geschickter, ihre Mimik bewußt für Grimassen und Späßchen einzusetzen.

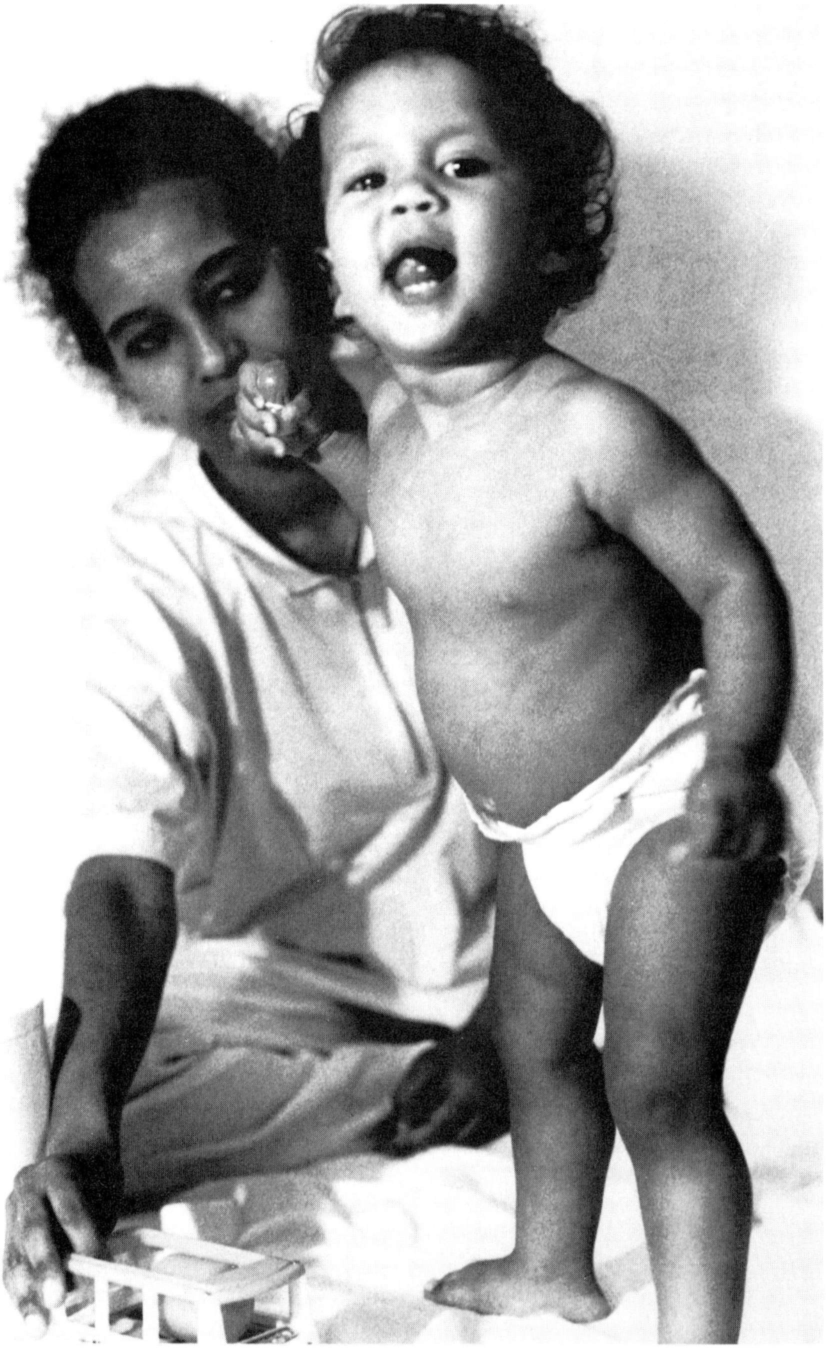

»Ich weiß, daß du mich anschaust.«

Manchmal werden Sie entdecken, daß Ihr älteres Baby sich vor Ihnen produziert wie diese Babys vor unserer Kamera. Beide Babys sind entspannt und lächeln, während sie unbefangen den Clown spielen. Nicole unterbricht das Spiel mit ihrer Mutter, um uns neckisch die Zunge herauszustrecken.

Stefan stößt einen Lustschrei aus, als er sich in überschäumender Laune vor der Kamera aufbaut.

Nicole übertreibt gewaltig mit ihrer Darstellung eines »glücklichen Babys«, um Aufmerksamkeit auf sich zu ziehen. Erst öffnet sie den Mund zu einem überbreiten Lächeln. Dann wirft sie schüchtern den Kopf zurück und zeigt ihre Zähne. Sie ist genauso an der Reaktion ihrer Mutter interessiert wie an ihrer genußvollen Selbstdarstellung. Nicole ist als das älteste unserer Babys in der Lage, einen anderen Gefühlszustand, als den, den sie tatsächlich hat, vorzutäuschen – Kleinkinder sind wunderbare Schauspieler.

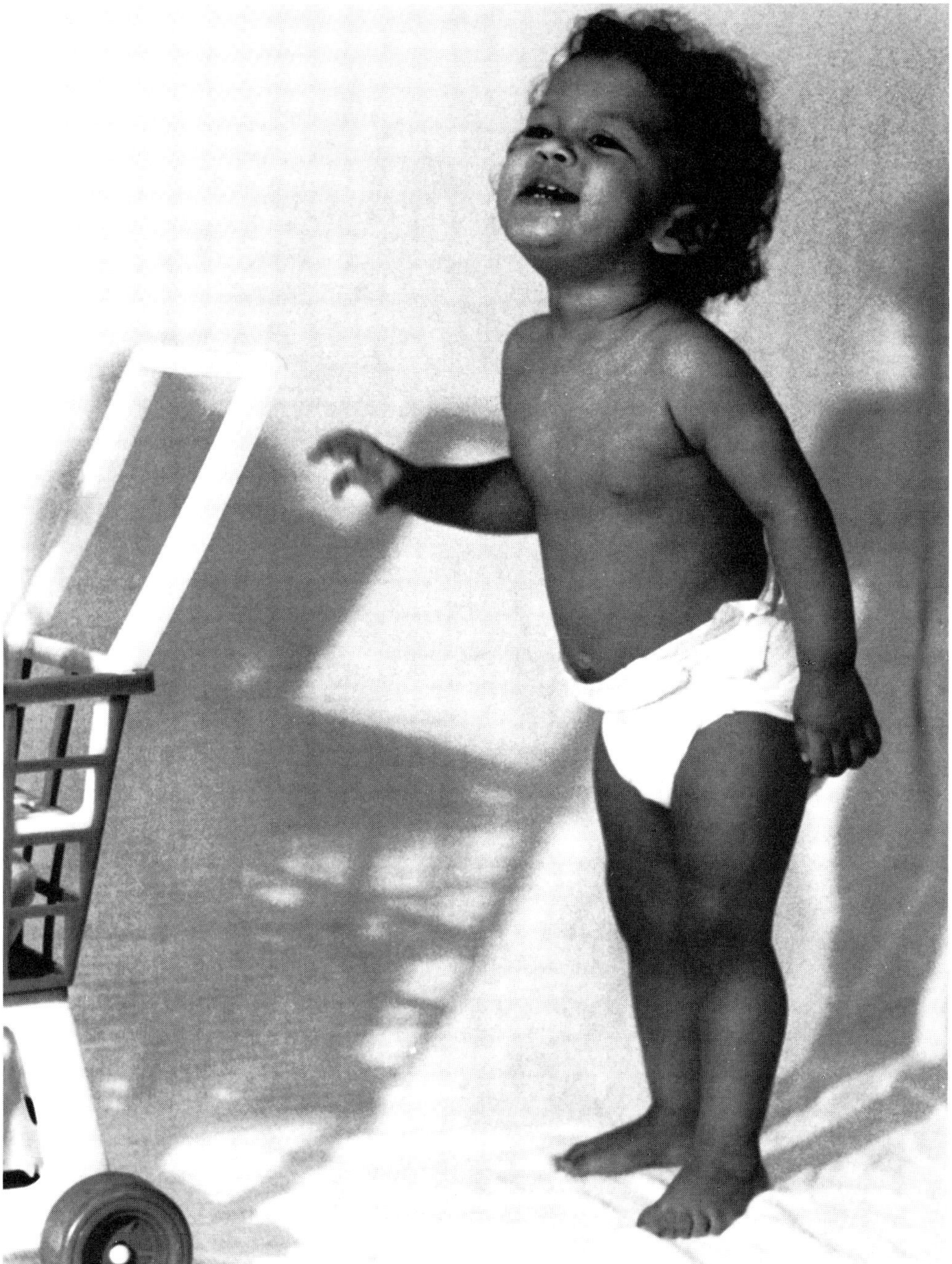

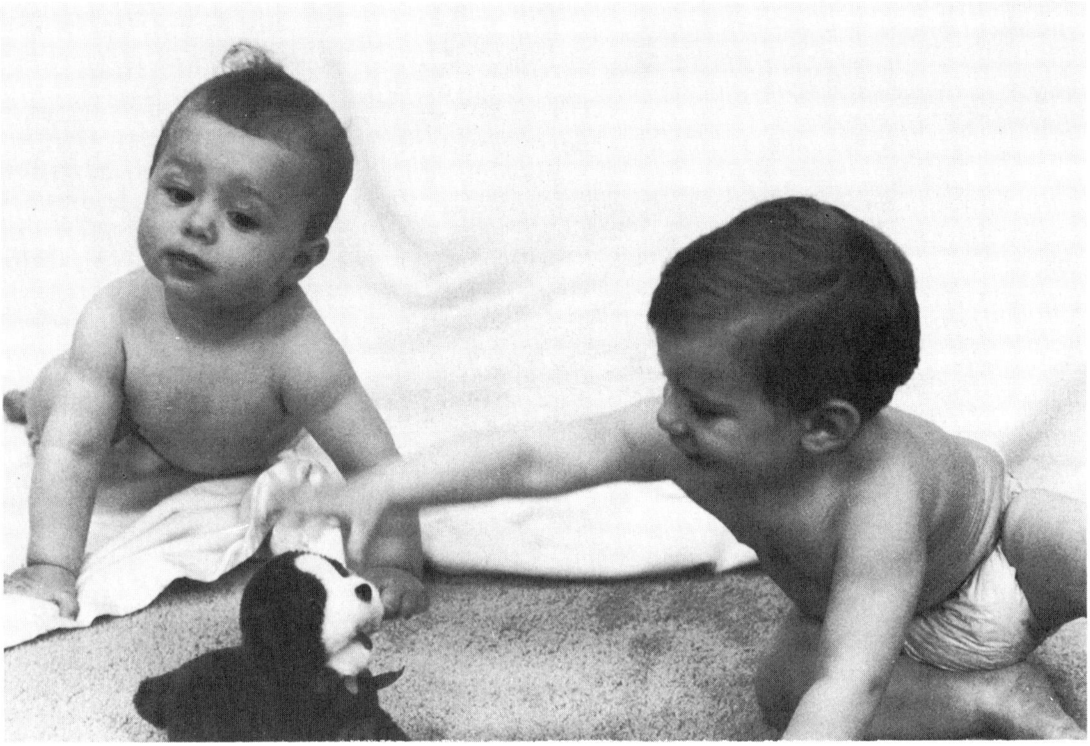

Im ersten Lebensjahr spielen Babys nicht wirklich miteinander. Aber sie nehmen einander doch wahr und ahmen sich nach. Ein Baby untersucht den Hund und findet Gefallen an ihm, also denkt sich das andere, es sollte sich doch auch einmal mit dem Hund beschäftigen. Beide Babys sind entspannt und offen für neue Erfahrungen. Außer wenn sie um ein Spielzeug kämpfen, genießen Babys die Gesellschaft Gleichaltriger. Sie bieten einen interessanten Anblick und regen zu Aktivitäten an. In den ersten Lebensmonaten glaubt vielleicht ein Baby, wenn es ein anderes laut schreien hört, daß es selbst schreit, und beginnt ebenfalls zu weinen. Es ist weniger bedrohlich, neben jemandem zu sein, der genauso klein ist wie man selbst. Andererseits bemüht sich der andere nicht, auf einen einzugehen. Das kann quälend und frustrierend sein. Beobachten Sie Ihr Baby in Gesellschaft anderer Babys. Vielleicht kommt es mit einem Kind gut zurecht, mit einem anderen aber nicht.

Sophies Gesicht strahlt vor Glück, als sie ihrer Mutter in die Augen schaut. Sie ist entspannt von den Augenbrauen bis zu ihren locker geöffneten Füßchen.

Stefans konzentrierter, glücklicher Augenausdruck und sein hochgereckter Kopf zeigen, daß er sich der Liebe seiner Mutter öffnet. Wenn Sie verstehen, was Ihr Baby Ihnen sagen will, und wenn Ihr Baby Ihre Botschaften entschlüsseln kann, wird Sie dieser intensive Austausch immer wieder belohnen.

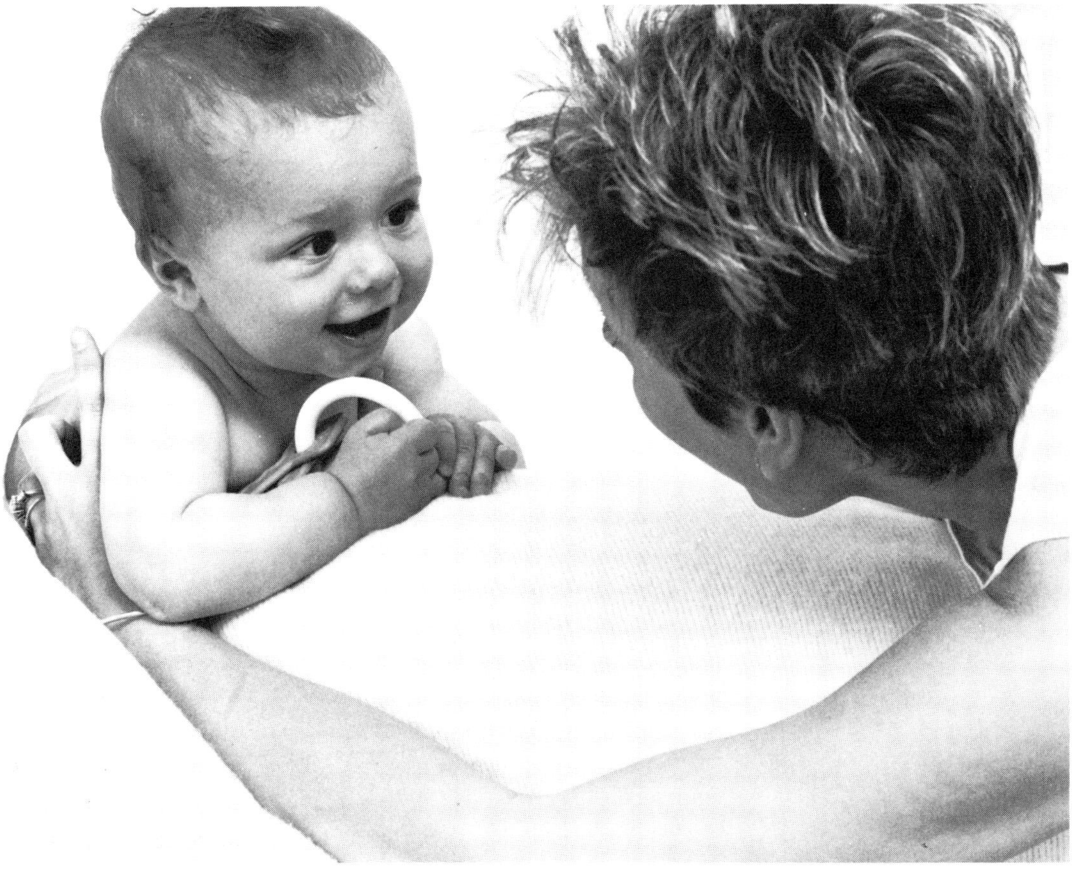

Erstes Sichtbarwerden von Gefühlen in der Mimik

Hier finden Sie durchschnittliche, ungefähre Zeitangaben, wann Sie im Gesicht Ihres Babys nach dem Ausdruck bestimmter Gefühle forschen können; allerdings kann Ihr Baby diese Gefühle auch schon früher oder erst später zeigen.

Ab der Geburt vorhanden:
Interesse
Unbehagen
Erschrecken

Vier bis acht Wochen:
Lächeln

Drei bis vier Monate:
Überraschung
Wut
Erfreute Zufriedenheit

Fünf bis neun Monate:
Ekel
Zorn
Furcht
Traurigkeit
Rückzug
Neugier
Fröhlichkeit
Vorsicht

Neun bis zwölf Monate:
Widerwillen
Gereiztheit
Freudige Erwartung
Langeweile
Schüchternheit
Ängstlichkeit
Vertrauen
Ausgelassenheit